秒销

社交营销的流量变现模式

陈爱民◎著

地震出版社

图书在版编目（CIP）数据

秒销：社交营销的流量变现模式 / 陈爱民著 .
—北京：地震出版社，2021.8
ISBN 978-7-5028-5288-7
Ⅰ．①秒…　Ⅱ．①陈…　Ⅲ．①网络营销
Ⅳ．① F713.365.2
中国版本图书馆 CIP 数据核字 (2021) 第 085363 号

地震版　XM4809/F（6112）

秒销：社交营销的流量变现模式

陈爱民　著
责任编辑：王亚明
责任校对：凌樱

出版发行：地震出版社
北京市海淀区民族大学南路 9 号　　　邮编：100081
发行部：68423031 68467991　　　传真：68467991
总编办：68462709 68423029
编辑四部：68467963
E-mail：seis@mailbox.rol.cn.net
http://seismologicalpress.com
经销：全国各地新华书店
印刷：三河市九洲财鑫印刷有限公司

版（印）次：2021 年 8 月第一版　　2021 年 8 月第一次印刷
开本：700×1000　　1/16
字数：168 千字
印张：14
书号：ISBN 978-7-5028-5288-7
定价：58.00 元

19 世纪中期，第二次工业革命的开始宣告人类社会进入了工业时代；

20 世纪中后期，信息革命的爆发让人类进入了互联网时代；

今天，移动互联网下社交媒体的兴起，则将我们推入了一个崭新的社交时代。

微信、微博、QQ、抖音、快手……让人们可以不受地域、不受时间的限制，在移动互联网各种平台上毫无障碍地进行交流。如今，线下的社交场景似乎已经可以完全“移植”到线上，人们用智能手机不仅可以浏览网页、看视频、玩游戏，还可以聊天、购物，甚至可以一夜之间“秒销”大量产品……

在线上社交时代，各种社交媒体能够帮助每一个用户形成“自媒体”，一篇文章、一张图片、一个视频……都可能让其背后的生产者或品牌商瞬间成为“明星”（“网红”），形成难以想象的营销价值。

如果说以前是巨头占山为王的时代，那么随着社交媒体的兴起，中小商家甚至个人都有可能以极低的成本快速崛起，做到真正的“秒销”，实现弯道超车。而实现这一美好愿望的途径之一就是——社交营销。

社交营销的基础是社交，而社交针对的是“人”，这是以前所有营销都从未回归过的本质。例如，以前投放广告或在街边散发宣传品，都只是单方面想要吸引用户，只可能和个别用户进行线下沟通交流，做不到和所有用户进行深入接触，而不接触，就不知道用户想要什么，在什么情况下有需求，我们要如何改善才能满足用户……不了解这些，我们就只是“一厢情愿”地兜售产品，结果却是用户可能并不买账。

社交营销能让这一切问题迎刃而解。

社交营销是商家和用户的沟通交流，无论你是品牌商，还是个体户，都可以自建社群，生产内容，和目标用户进行深度交流，探讨用户对商品的使用体验，询问用户对商品的意见、建议，打造用户满意的消费场景，让用户分享、传播信息，做到最极致的社交裂变，并达到“秒销”的目标。

这一点，其实很多商家已经做到了。从大的商家来说，拼多多通过微信体系，用独特的社交拼团模式吸引用户快速分享、传播，在短短 3 年时间里就从零做到了 2018 年 GMV4716 亿元；从个案讲，美妆博主李某某通过直播卖口红，收获了 5000 万粉丝，3 分钟销售额就能达到 600 万元。由此，可以看出社交营销的“秒销魔力”。

这是一个不受商家规模限制的平等营销模式，无论规模是大还是小，无论之前是有名还是默默无闻，只要能掌握社交营销的“秒销”方法，并根据自己的能力做好引流、变现的规划，就有可能创造所有的“不可能”。

当然，社交营销中的“秒销”并不是简单的交流、沟通、卖货、服务，它涉及营销的方方面面，必须全盘把握才行，不但要明白社交时代去中心化和信任背书的实质，也要熟悉各社交媒体在分享、集聚、链接上的优劣，更重要的是我们还要明确自己的社交营销策略、衡量自己的投资回报率、细分目标用户以创造合适的内容、打造最好的场景等等，每一步都需要把握社交营销的要领和细节才行。

本书从趋势篇、架构篇和展望篇等三个部分全面介绍了社交营销系统，阐述了社交营销的趋势与未来商业格局，并全面介绍了社交营销的主流模式、社交营销平台、社交营销的黄金法则，还系统讲解了社交营销攻略中的引流、运营、内部管理等具体方法，是一本不可多得的社交营销普及读本。希望对社交营销感兴趣的读者尤其是商家可以在这本书中找到“秒销”的落地方法，能够紧跟时代的步伐，分享社交营销带来的红利。

目录 CONTENTS

趋势篇　社交是新商业时代最好的营销

架构篇　社交营销要做好顶层设计

第一章　社交营销主流模式，总有一款适合你

第二章　活用社交平台，实现精准营销

第三章　社交营销的黄金法则

展望篇　社交营销将成为未来营销的新风口

第一章　转型，构建社交营销新出口

第二章　社交营销未来畅想

趋势篇

社交是新商业时代最好的营销

第一章

被颠覆的大营销环境

谁也无法否认，这是一个完全不同于以往的商业时代。首先，移动互联网的普及重塑了我们的商业格局，商家和用户不仅能够平等对话，用户甚至能主导商家的商业决策；其次，消费升级等情况的发生，让消费者的消费需求发生了变化，商家必须时刻关注消费者个性化的需求和隐性的需求。在这种情况下，商家必须开拓社交渠道，才能真正了解消费者，以便抢占宝贵的流量。因此，营销就必须要回到“人”身上，围绕“人”这个中心来打造。

从“企业为王”到“用户为王”

一件商品的流通链条通常包括企业（供应商）、渠道商、用户。以前，在这个链条中，企业是渠道商的上游，用户是渠道商的下游；企业居于顶端，用户居于末端。

改革开放初期，因为物资短缺，用户没有太多的选择，产品只要能被生产出来，能在市场上销售，就肯定有消费者购买。随着经济的发展，产品逐渐丰富，但用户仍然居于商品链条的末端，企业也并没有过多地将用户纳入营销范畴，反而是不断发力于销售渠道和企业品牌。

20 世纪八九十年代，在商品逐渐丰富的时候，消费者对品牌还没有多少概念。消费者到门店购买商品时，只是随便购买。这时渠道的力量就突显出来了。例如格力电器不断通过联销体、合资公司等模式和经销商进行合作，并借助经销商的力量，把产品覆盖到各个门店，再由门店售卖给消费者；娃哈哈也是通过不断变革渠道模式，最终建立了扁平化渠道模式，使消费者在任何地方都能看到娃哈哈的产品。

随着社会生产力的发展，产品越来越多，人们开始倾向于在同质化的产品中挑选更好的，渠道时代转变为品牌时代。也就是从那时起，各个企业不惜花重金请明星代言，或者在央视的各个频道投放广告，又或者在社会各个角落拉横幅、做专柜、做路牌，为的是在消费者心目中塑造自己的品牌形象，进而吸引消费者购买。

现如今，供给侧严重过剩，再加上移动互联网的出现，让用户这个以前处于商业链条末端位置的角色跃至商业链条的顶端，营销模式由企业为王变成用户为王。其实，这主要还是源于互联网带来的变革，因为移动互联网开放、透明、共享的特征，直接改变了以前企业、用户信息不对称的格局，用户已经可以通过无处不在的移动互联网快速了解企业的产品情况，并且对产品做出点评。这样一来，只有好的产品，才能获得良好的口碑，并在消费者中快速传播。

有些人会说，在营销中，商家不是早就提倡“用户是上帝”吗？难道这还不是“用户为王”？其实，以前商家虽然喊着“用户是上帝”的口号，但同时也在塑造着“用户的忠诚度”，即只是一厢情愿地希望用户对其忠诚，希望用渠道、品牌占领用户的心智。而这并不是真正的“用户是上帝”。

移动互联网时代，当用户通过比较各平台的商品信息掌握产品做出“生杀予夺”之权时，才真正变成了“上帝”。因为用户成了商品市场的主导者，这时企业就必须放低身段，想尽一切办法去迎合用户。用户想要什么就生产什么；用户什么时候想要，企业就要什么时候生产出来；用户要得少，企业可以多给点；甚至用户没有考虑到的，企业也要为用户考虑到。

“天下大势，浩浩荡荡，顺之者昌，逆之者亡”，时代变了，企业的营销思路也要跟着改变。以前的营销是面朝企业，背对用户，现在则必须背对企业，面朝用户——一切以用户为中心。

滴滴便是通过“用户为王”的思维取得成功的。以前的出租车揽客模式是，出租车行驶在路上，司机看到有谁在打车就载谁。

而滴滴软件面世后，用户可以通过手机上的APP按一下“我要用车”，就可以查看附近的出租车，并且选择要乘坐谁的车。因为用户的评价对于司机接单非常重要，用户上车之后，司机一般也会对其嘘寒问暖，让用户感受到真正的“用户是上帝”。正因为这样，滴滴才能成为现今出行界举足轻重的公司。

这样的例子还有很多。但不管怎样，企业为王的时代已经远去，用户为王的时代已经到来。无论任何企业或商家，以用户为中心，才是营销的“黄金法则”。

消费者“进化”带来的营销变革

在物质匮乏的时代，消费者的需求都是刚性需求，人们买衣服只是为了不受冻，买食物只是为了不挨饿，买生产工具只是为了提供生产。可以说，这是一个单纯的功能性消费时代。消费者的角色仅仅是“消费”而已。20 世纪 80 年代，我国市场并未完全开放，生产流动只能满足居民最基本的生活需求，即使有钱也不一定能买到商品。那时候，商品生产者几乎不需要进行营销，因为只要是商品，就会有消费者购买。消费者不会慕生产者名号而来，而只是出于自身的需求进行购买。买卖双方的交易行为一旦完成，交易就结束了，卖家不会为消费者提供售后服务。

后来，生产力大大提高，市场上的商品种类越来越丰富，消费者购买商品不再只是为了满足功能性诉求，而是上升到个性、情感等诉求的层面。这时候，营销对于商家而言就变得尤为重要。其中，体验式营销尤其受到商家的关注。伯恩德·H. 施密德曾在《体验式营销》一书中这样说道：体验式营销，就是站在消费者的感官、情感、思考、行动等关联角度重新定义、设计营销方式。在业界，它被简写为“SHUP”营销模式，即看（See）、听（Hear）、用（Use）、参与（Participate）。

简而言之，体验式营销需要商家除了在产品功能上下功夫外，还要在产品或服务的提供、输出、售后的过程中，增加更多带有情感色彩的内容。这时，商家承担的是媒体的角色，而消费者承担的是受众的角色。例如，有的餐厅营造出雨林风格的环境，有惟妙惟肖的密林、假山、流水，连餐桌、餐凳也是石头材质的；在营业期间，还不间断地播放着能够烘托雨林景观的音乐。餐厅的目的就是要给消费者一种心旷神怡的感觉，让消费者在良好的体验中把餐厅的品牌传播出去。

随着物质品类的丰富，供给侧和需求侧之间态势的逆转，以及信息传播渠道的拓宽，再加上无孔不入的网购、移动支付、社交媒体，消费者的角色再一次进化，与之相对应的，是营销手段的再一次升级和变化。

在新的商业时代，消费者开始由之前的体验者，变为创新者 + 体验者的双重角色。这时候的消费者，除了追求产品和服务的体验感以外，还会追求产品和服务的创新性，即追求具有创意、与众不同的个性的产品或服务。既有创新又具有美好体验的产品和服务开始更受消费者青睐。

不论是同质化创新还是颠覆性创新，都会带来创意化的体验。这种创意化的体验会让产品或服务带给消费者不一样的感受，这才是消费者需要的。创新让消费者体验到不一样的生活，消费者通过体验来确认创新的结果，如感觉舒适、美好就会持续跟进；如感觉不佳，这项创新就会被消费者淘汰。

另外，过去商家的营销多是基于“外化人”——就是能够通过调研得来的数据，例如北京有多少年龄在 45 岁左右的白领男性。但现在，商家的营销更多的是基于“内化人”，因为在新商业时代“内化人”的需求才能代表消费者更多的需求。所谓“内化人”的需求，就是涉及消费者隐私或定制的部分，这部分很难通过调研被外化为显性数据。

> 一个女生要出席一场宴会，她很希望借助这个宴会认识某个人，而这个人对于某种服装风格有偏好，这时这个女生就需要定制这种风格的服装，希望能引起这个人的关注，那么这个女生的消费需求就是内化的，因为它是隐私动机。

再者，现在的消费者对个性化消费的需求大大增加，这也为商家的营销方式增加了新的难度。它要求商家要深度洞察消费者的真正需求。只有了解消费者，商家才能知道如何跟消费者进行沟通，才能提供与消费者需求相匹配的产品和服务。

总之，在消费者不断进化的过程中，商家必须有针对性地变革自己的营销方式，才能培养出消费者对自己提供的产品或服务的感情。以前，受科技水平、信息传播方式的局限，针对这些消费升级的营销并不好实现。但现在不一样了，因为互联网的开放性和无边界性，商家可以通过一些网上社交方式来发现人们的内在消费需求和消费行为，从而做出有针对性的营销。

消费场景与消费痛点的变化

现在，“消费升级”已经成为人所共知的词语。在这股消费升级的浪潮中，90 后、00 后已经成为消费的主流人群。这部分人群有着极强的个性意识，在对商品的选择上，他们可能更关心商品的实际功能，更关注商品的体验，而原来被人们关注得最多的价格则退居次要位置。

基于此，“消费场景式营销”成为商家追逐的新热点。对于场景，在传统纸质媒体时代，消费者接受商品信息的渠道都来自纸质媒体，场景极为平面；在信息时代，人们已经可以通过互联网了解商品信息，但场景仍非常单一，不能给消费者带来体验感。后来，移动互联网兴起，AI 技术不断深入，人们已经能够在三维空间里感受场景发生的变化，体验感和参与感也成为商家广告的一部分。

消费的场景时代已经到来，人们需要的是沉浸式的代入感，而这也正是商品或服务连接消费者的关键。

在营销中，分享经济和人工智能其实就是迎合消费者场景需求的产物。例如，滴滴打车、共享单车解决了消费者对出行场景的需求，而阿里巴巴的无人售卖便利店则解决了消费者对购物便利化场景需求。

伴随着消费者场景的需求的变化，商家还需要对消费者痛点的变化有所洞察。那么，什么是消费痛点？消费痛点，就是消费者真正有需求而又在之前未被商家关注的地方。

近年来，食品安全问题时有发生，什么苏丹红啊，地沟油啊，毒西瓜之类，让你出一趟差都不知道该不该去饭店吃饭，或者去哪家饭店吃更放心。大众点评的出现帮消费者解决了去哪里吃饭更放心，以及哪里的饭更好吃的问题。大众点评所解决的，就是消费者的一个痛点。

像这样的痛点还有很多，就看商家能否找到这些痛点。对于商家而言，抓住了用户的痛点，就相当于抓住了商机。如果一个商家能将消费场景和消费者的痛点需求都挖掘出来，那么用户自然会产生认同感，自然而然地将其融入自己的日常生活之中。

因此，“消费场景式营销”和“消费者痛点营销”其实是融为一体的。商家需要不断挖掘不同消费场景下的消费者的真正需求，主动为消费者提供解决方案，这样才能诱发并抢占消费者对特定场景的好感，让产品、服务与消费场景、消费者的痛点产生强关联。

音乐酒馆品牌胡桃里举行的每场品酒会活动都会冠名不同的主题，设计不同的场景。在这些经过特别设计的场景中，音乐流淌，酒香四溢，人们会不由自主地沉浸其中。此外，胡桃里不仅为客人提供世界大酒庄的名酒，而且提供专业的侍酒服务。主题场景、资源，以及专业的品酒方式，正是大量红酒爱好者的痛点。胡桃里通过把握消费者痛点，打造出特定的消费场景，自然取得了不错的市场反馈。

要实现“消费场景式营销”“消费者痛点营销”，商家需要锻炼自己的场景化思维、痛点思维。简单来说，商家需要从用户的实际需求出发，集合各种场景、痛点元素来进行综合性思考；需要通过大数据深刻洞察消费者的消费行为轨迹，深刻认识消费者的行为路径，得出消费者的痛点，并在特定的场景下为消费者提供特定的产品或服务，然后通过消费者的心理、情绪来满足消费者的真正需求，为消费者提供最好和最完美的体验效果。

流量的变迁：从公域到私域

流量于企业，于商家，绝不是一个陌生的词。这是一个拥有流量就可以“称王”的时代。流量分为两种：线上流量和线下流量。线上流量指一定时间内打开网站、应用、微信公众号等互联网产品的人气访问量；线下流量则指在一定时期内访问店铺的人数。本书所讲的流量多指线上流量。

以前，流量是持续增长的，是公域的。自从互联网、移动互联网普及以后，网民数量急剧增长。这是一股无比汹涌的大众化浪潮，于是一批公域流量平台抓住“风口”，迅速把平台做大。如今，不少互联网企业或平台已经成了各自所在行业中的巨头。例如，百度做网络搜索的流量、阿里巴巴做电子商务的流量、腾讯做互联网社交的流量。

互联网巨头的庞大流量，理所应当地成为很多中小商家眼红的对象。于是，无数中小商家开始和互联网巨头合作，企图乘上流量红利的列车。例如最早的一批商家约在 2008 年前后进入淘宝，而当时正是淘宝流量增幅最显著的时候，这批卖家赚得盆满钵满，可以说是“躺着挣钱”。

但是值得注意的是，对于中小商家而言，他们进驻淘宝这类公域平台并获取流量是要付出成本代价的。

阿里巴巴会向高等级的会员收取 4 ~ 12 万元的年费。对于一般等级的会员，如是企业，则收取 2800 元年费；如是个人，则收取 2300 元年费。而且，中小卖家在公域流量平台上获得的流量都只会短暂停留，并不属于自己。

这些问题，在流量增量时代并不明显，然而，流量增量是有“天花板”的。经过十几年的发展，网民群体逐渐饱和，商家之间的竞争更加激烈。这时，商家在公域流量中的获客成本变得越来越高；不仅如此，面对增长疲软的困境，商家也很难从高昂的公域流量中精准触及自己的用户。通俗点说，就是马太效应凸显，商家变现已经越来越困难。

我们还是以淘宝卖家为例。前面说到，在流量增量时代，淘宝卖家甚至可以“躺着挣钱”，然而，当流量不是增量而是变成存量，淘宝商家又显著增多时，能够分到商家们手中的流量便会锐减，于是很多中小卖家开始陷入流量困局，实现流量变现越来越难。

公域平台的流量就像大海，刚开始鱼多，而捕鱼的人少，即使没有高超的捕鱼技术，也能捕到鱼；但是后来鱼群数量不变，捕鱼的人越来越多，捕到的鱼自然越来越少，捕鱼的成本还越来越高。这时，人们开始思考：为什么我们不自己建一个鱼塘养鱼呢？这样我们的成本减少了，还更容易捕到鱼了。这种自建鱼塘的形式，就是私域流量。而建立私域流量，就成了获取流量最好的方式。

所谓私域流量，顾名思义就是私人拥有的流量，主要指个人或品牌自己拥有，可以控制且能多次重复免费利用的流量。个人微信号、微信公众号、微信群及微信小程序、微博、QQ 群等互联网社交平台上的粉丝都可以看作是私域流量。这些社交平台的获客成本低，甚至有时不需要获客成本，而且自带营销属性，于是很快成了中小卖家们的营销新渠道。他们纷纷将这些流量导入私域流量池，然后再进行营销。

其实，私域流量就好比传统企业中的一部分老客户群体。这部分老客户对商家的产品或服务有依赖性，对企业也有一定的忠诚度，是企业需要重点关注的群体。维护好他们，就能显著提高他们的复购率，甚至产生裂变，进而吸引新的客户。

渠道下沉——新零售时代来临

大约从 2003 年个人计算机普及开始，我国的线上零售就蓬勃发展起来。阿里巴巴、京东、苏宁易购等一大批以互联网为依托的零售企业在这一时期成长起来。那段时期，线上零售的火热状态让线下门店倒下一大片，还“活着”的门店也几乎到了“窒息”的地步。

但是，从 2016 年开始，参与网购的用户越来越挑剔，商家获取流量的成本急剧上升，转化率有所下降，很多电商老店都遭遇了瓶颈，再加上线下零售体验感更好的诸多价值回归，线上线下逐渐开始有了一种融合的趋势，零售行业逐渐进入新零售时代。

新零售是马云于 2016 年 10 月在杭州的云栖大会上第一次提出的。他认为，新零售将是未来的一大发展趋势，线下的企业必须走到线上，线上的企业又必须走到线下，线上、线下和现代物流叠加，才能真正创造出新零售来。

从这里我们可以看出新零售的含义。新零售即企业依托物联网、大数据、人工智能等新型技术手段，运用消费心理学的知识，对商品的生产、流通与销售诸环节进行再造，并深度融合线上服务、线下体验和现代物流的一种新型的零售模式。

在新零售领域，阿里巴巴推出了“零售通”，京东推出了“新通路”，苏宁做了“零售云”，而且都重点布局在中小城镇。这些都是“渠道下沉”所致。

渠道下沉，在营销中指将原本只在大城市中销售的网络扩散开来，深入中小城市甚至乡镇、农村中去。从营销的角度来看，渠道下沉无疑是一种新型的营销策略。

原本，电商们都围绕着一二线城市的消费者，即上端市场来布局。但随着消费升级、移动互联网的普及等，电商们原来依赖的上端市场已经逐渐饱和。而中小城镇、乡镇甚至农村的市场还是空白的，这些地方的居民以前基本只能依赖零星的零售超市购物。对电商们来说，这里的消费者显然是一群有需求的、新的消费人群。

而且，更重要的是，我国中小城镇、乡镇和农村的人口占到全国总人口的 70%，这个消费群体不可谓不庞大。对于商家来说，把营销目标从一二线城市转向中小城镇、乡镇和农村，显然是一个不错的选择。

新零售渠道下沉的区域性优势明显，它有着传统商家可望不可即的先天优势。例如家乐福、沃尔玛这些超市，很难覆盖全国各地区。而电商们做新零售，将布局重点放在中小城镇，辐射点必定会更密集。

当然，渠道下沉必然需要商家们在供应链和物流上做出更好的把控，但这些方面不是短时间内能建立起来的，反而是将人联系起来显得更为迫切。中小城市或乡镇、农村的零售基本是以人为纽带的。在中小城市、乡镇、农村生活的人基本都知道，在相知相熟的人的门店购物是常态。如果一家门店的商品价格低、质量好，人们就比较愿意经常去这家店购物，购买的次数多了以后，消费者会对这家店产生信赖感，这时候别的店就很难与其竞争了。

新零售时代，商家要做的就是吸引消费者、培养消费者，而新零售营销模式更强调生活化、场景化的体验式消费。而这些优势，显然是原来的中小城镇的门店无法比拟的。

> 得益于京东高效的物流系统，京东便利店迅速扩张，目前已覆盖了全国近 100% 的县级行政区（统计数据不含港澳台地区）。以京东物流的速度，这些便利店的订单有 85% 都可以实现 24 小时送达，不受地域限制。为了赋能京东便利店，京东还重构了传统的人、货、场的关系。除了售卖商品，京东便利店还提供各种生活服务、金融服务、商业服务、公益服务等增值服务，例如洗衣、代收包裹、充值缴费、家政维修等。这些增值服务反过来又成为为京东便利店引流、增加用户黏性和增收的重要措施。

在这个以用户为中心的商业时代，对商家来说，用户的体验感比以往任何时候都重要。只有注重用户购物体验的商家，才能真正赢得用户的青睐，使其形成在自己的门店购物的习惯。

需要回归本质的营销

营销很好理解，就是商家发掘和发现用户的需求，让用户了解产品并产生购买的一种商业行为。大多数经济学家认为，营销的本质是要商家去研究人性和人心，找到用户的真正需求，进而吸引并留住用户。

在社交网络出现之前，营销领域出现过的营销方式林林总总，但受信息化水平的限制，这些营销方式基本上只是趋近于营销的本质，而并没有做到让营销回归本质。

现在有的商家做营销，选择到处投放广告，而广告的投放仅满足了营销本质中吸引用户的特征，并没有做到留住用户的特征。商家无法做到通过广告和用户建立沟通上的连接，一旦用户在使用广告商品的过程中出现任何疑惑或不满，商家并不能真正了解，于是就有了流失用户的可能性。

不过，这些传统营销的难题到了移动互联网社交时代似乎都可以迎刃而解。社交营销做的就是连接用户、经营用户、建立信任关系这些事，使商家和用户的关系从弱关系转变为强关系，在社交活动中还可以帮助用户找到真正的心理需求，并为用户提供对应的产品或服务，同时为用户解决问题、创造价值。

社交营销，即人们运用互联网社交工具，在人与人之间进行互动、交流，以达到营销目的的商业活动。人是需要社交的，人们在社交活动中能够解决自己各种层面的需求，例如吃饭、娱乐、旅行、工作等。一个人如果仅仅依靠自己，有些问题是很难解决的，这时就需要借助别人的帮助，以达到自己想要的效果。可以说，人们进行社交活动，并不是为了交朋友，而是为了和别人建立某种联系，进而满足自己某些方面的需求。社交营销恰好迎合了人们的这种需要，例如从洞察用户需求的层面上来看，营销要捕捉用户“内化人”的一面，而社交营销正好可以做到这一点。

现代营销学大师菲利普·科特勒在《营销革命 3.0》中曾说：“现在的营销者不能再把顾客仅视为消费的人，而是要把他们看作具有独立思想、心灵和精神的完整的人类个体。如今消费者正越来越关注内心焦虑的问题，在混乱嘈杂的商业世界中，他们正努力寻找那些具有使命感、愿景规划和价值观的企业，希望这些企业能够满足自己对社会、经济和环境等问题的深刻内心需求。”

显然，这些消费者的心理需求并不能直接显现出来，只有在与消费者的沟通交流中，商家才能很好地捕捉这些信息，并将其运用到产品或服务的营销中来。从另一个层面上来说，洞察消费者的心理需求才是商家营销最值得做的事情。拿买一个包来说，人们买一个实用的包可能只需要几百元，而人们之所以要买几万元、十几万元的包，是因为他们的心理需求。他们需要用这种价位的包来融入他们所在的社交圈。

社交营销是商家与消费者建立信任关系的最好方式。商家做社交营销不仅是为了卖产品，还为了与用户建立信任关系，进而留住用户。在移动互联网中，一个个流量背后都是有血有肉有感情的人，人才是实质流量。在多次沟通与交流中，如果用户把商家当成了朋友，建立了信任关系，成交的可能性便大大增加。

社会学界有种说法叫“六度人脉”，说的是人们通过六次人脉的扩展，就可以找到世界上任何一个人。也就是说，其实我们每个人都可以结交到世界上的任何一个人。换句话说，商家也可以结交世界上任何一个需要自己产品或服务的人。当然，这仅凭商家的自身能力是很难实现的。但是，社交媒体的出现可以让商家在社交中穿过一道道人脉关卡，精准锁定用户，因为我们和第一层人脉建立好关系以后，他们就可能推荐他们背后的第二层人脉、第三层人脉……

虽然，这需要时间和经验的积累，但不管怎么说，社交营销确实让我们回归了营销的本质。社交是人类的本能，在这个基础上，社交营销在商家和消费者之间搭建起了一座沟通的桥梁。在这座桥梁上，商家可以洞察消费者的真正需求，进而帮助消费者解决问题，同时培养消费者的信任感，增加消费者的黏性，最终实现成交。

第二章

无社交，不营销

营销是需要社交的，因为社交能让买卖双方进行深入交流，形成信任背书。在移动互联网时代，迅速崛起的社交媒体占据了人们的碎片化时间，这就给商家与用户进行社交创造了极佳的平台。无社交，不营销——在移动互联网时代，营销的精准化、个性化、移动化都已成为现实。

“指尖”上的营销革命

自从移动互联网普及开来以后，“低头族”就成为街头巷尾最常见的一类人。他们沉迷于通过手机浏览网页、社交、购物……

移动互联网时代和互联网时代有着很大的区别。比如，用电脑进行社交是有空间限制的，因为电脑是固定的，无法随着人的移动而移动。智能手机出现以后，打破了空间的限制，在任何时间、任何地点，只要通过智能手机就可以知道想了解的任何信息。

现今，人们显然越来越离不开以智能手机为代表的移动互联网产品。企业关注的焦点也逐渐放在了社交营销上，获取人们“指尖”上的财富开始成为商家营销的主线。

据国家统计局2021年最新发布的数据显示，2020年，我国移动电话用户数量达15.94亿户，移动电话的普及率达到113.9部/百人，平均每人拥有一个以上的移动电话，并且其中手机上网人数达9.86亿人。还有报告显示，移动设备占据了中国人上网的近73%的时间，并且有超过70%的中国人使用移动支付。显然，人们正在全面依靠移动互联网来获取信息，并且产生交易行为。

“指尖”上的商业革命正在如火如荼地进行。就拿营销来说，互联网时代，线上渠道发展得比线下渠道更为迅猛，而二者的冲突大于合作。但是移动互联网出现以后，冲突逐渐消弭，线上和线下开始融合，商家们有了全渠道营销的可能。人们只要拥有一部智能手机，那就一切皆在网上，一切皆可“移动”。消费者走到哪里，渠道就拓展到哪里，消费者对于产品或服务的购买、消费、沟通、反馈就到哪里。基于移动互联网的全渠道营销就是一种紧随消费者的营销，是一种无处不在的营销。

社交营销与传统营销有很大区别。社交营销之所以成为流行趋势，是因为其以用户为中心。例如人们通过社交平台，可以轻易参与商家产品的生产过程中，甚至主导商家的产品生产过程。

小米手机能成功，有两点原因。首先是小米意识到移动互联网这一商业风口，其次是小米非常注重用户的参与感。通过移动互联网，小米建立起自己的论坛、社区，和消费者充分进行社交，并且鼓励消费者给产品提意见，将产品的生产过程从以前的商家主导转变为由消费者主导。这样，消费者不仅主导了产品本身，还主导了产品价值的形成，而产品价值的形成正是营销的一大核心。所以，移动互联网可以让企业成为消费者主导产品的一个平台，企业为消费者提供生产设施和设备，消费者可以按自己的想法对企业的产品或服务提出建议，甚至创造自己喜欢的产品。

在移动互联网出现之前，我们的营销是卖产品，重点是防止产品过剩。而移动互联网激发出来的新型营销，不仅能防止产品过剩，而且能对接消费者个性化的需求，让消费者实现自我价值。

无疑，移动互联网拓展了更大的营销平台和营销空间。在这个几乎全民利用“指尖”来操控生活的时代，营销也在发生着天翻地覆的变化。任何商家都不能忽视移动互联网的巨大魅力，也必须参与到移动互联网带来的营销革命中来。毕竟，任何商家都不想落伍，也不想错失移动互联网带来的红利。

互联网不是扁平化，而是更圈层化

优酷《对白》节目中做了一期白岩松的跨年演讲。节目播出后，很快有网友反馈：“这才是跨年演讲应有的样子，和老罗完全不一样。”这条评论得到了很多人的赞同。但是，有一名网友却突然发问：“老罗是谁？”

在这里，很多网友并不会把“老罗是谁？”当成一个问题。因为在他们的认知中，如果在“老罗”这两个字前面加上跨年演讲的前提，答案只会有一个，那就是罗振宇。而问这个问题的网友显然和前面这拨网友有着不同的认知，也可以说他和这拨网友并不处于同一个圈层之中。

每个人都有自己不同的、各种各样圈层。例如，我们从小就生活在家庭这个小圈层中；随着年龄的增长，我们又多了邻里、朋友等圈层；再后来，我们参加工作，我们又有了同事、客户等圈层。

根据亲密关系，这些圈层又被分为一个个同心圆。最里面的圈层中的人是与我们关系最亲近的，例如父母、兄弟、子女、爱人等；而最外圈层中的人，则是与我们最为疏远的、陌生的人，例如可能是我们偶遇的路人，有过买卖交易的小贩等。

这就是圈层，它代表着我们在接触什么样的人，同时我们的认知也被这个圈层决定着。圈层中大多数人都知道的，我们或许就耳熟能详，而圈层中很多人并未接触或不知晓的，我们或许也较为陌生。

在互联网时代，我们可以轻易地和陌生人进行交流沟通，如生活在上海CBD的高级精英也可以和远在西南边陲的平民百姓进行沟通。这一度改变了人类世界的圈层性，似乎互联网正在让人类世界变得更加扁平。

然而，随着互联网的发展，再加上网民的兴趣和爱好各有不同，圈层化在互联网世界中竟也变得愈发明显起来。例如，在互联网上，90后、00后只要一提起鹿晗等新生代明星，就会充满热情。而对于70后、80后等中年群体，在互联网上讨论鹿晗，可能还不如与他们讨论某些网络虚拟人物来得热烈。这就说明，在互联网上，如果网民所处的圈层不一样的话，那其得到的反馈也不一样。

实际上，社交媒体的发展，也加剧了网民圈层化的趋势。在社交媒体上，我们通常都是和思维相近的朋友、粉丝进行交流，我们的观点也在和他们的交流沟通中被强化。而圈层外的信息，自然而然地被我们屏蔽了。

所以，圈层化成了互联网发展的一个趋势，基于互联网圈层的圈层经济也蓬勃发展起来。商家们可以为处于互联网某一圈层的网民量身打造他们感兴趣的话题或内容，以达到营销的目的。

以“疯蜜”为例，这是一款基于地理位置的付费聊天工具，它先把自己的用户固定在一个圈层之中，然后再根据用户的特点对他们有针对性地进行营销。时间长了，这些用户就成了“疯蜜”忠实的粉丝。

社群营销也是同样的道理。成功的营销者总是把有相同爱好的网民集中在社群内，大家聊共同的话题，讨论共同感兴趣的内容。这样，大家的交流就会越来越频繁，关系也会越来越近，自然，营销也会越来越容易。

互联网没有变得更平，而是变得更加圈层化了。在网民的圈层内，是一番波澜壮阔的景象，而在圈层外，却始终风平浪静。我们的营销势必要针对这样的圈层来进行，为自己的用户划定不同的圈层，并在不同的圈层中发起不同的话题，做不同的营销活动。

无社交，无精细化营销

和精细化营销相比，粗放型营销的转化率极低。有人曾统计过粗放型营销的转化率，结果是路边发传单的转化率约在 0.4%，电话销售的转化率为 1% ～ 2%，街头广告的转化率也只有 1% 左右。精细化营销圈定了特定有需求的消费人群，其转化率必然会高得多，因此，没有哪一个商家不重视精细化营销的。营销做得越精细，成功的概率就越大。

精细化营销最早来自邮购销售、目录销售。在交通不发达的年代，有的企业为了照顾偏远地区的消费者，特意将广告直邮到这些地区进行营销，这便是针对特殊消费人群的一种邮购销售。后来，有的商家和消费者进行沟通后发现，消费者在购买了一些商品以后，还会有潜在的对其他商品的需求。例如，一名家庭妇女在购买了洗衣粉以后，可能还会购买洗洁精等产品。如果这名家庭妇女在同一个商家那里能一次性购买到这些商品，对她而言，就能节约购物时间；对商家而言，也可以获得更多的利润。所以商家又针对这一消费特性开发出了目录销售。

现在，邮购销售和目录销售虽然还存在，但已不多见。现今的精细化营销，更多意义上则是指对大市场进行精细划分，然后针对精准用户展开的一系列营销活动。

互联网突破了时空的局限，而且有着强大的信息传播能力，在技术上，能让商家精细地划分市场这件事变得更加容易、量化和可视化。因此，通过互联网来进行精细化营销，已经成为各个商家普遍采用的营销手段了。

不过，精细化营销的前提是精准地找到目标用户，而这就必须有社交做前提，就像前面提到的精细化营销的雏形——目录销售一样。商家之所以采用目录销售，是因为通过与消费者的交流和沟通发现了消费者有购买其他商品的需求。如果没有这个社交前提，恐怕目录销售也不会被商家开发出来。

现在，消费者的消费习惯越来越趋于个性化，要达到精细化营销的目的，就更需要商家做好社交的功课了。例如，为用户画像，即掌握用户的行为习惯、消费习惯等信息，可以为我们的营销提供足够的数据基础。

为用户画像是对用户的深入挖掘，商家需要了解的绝不仅仅是用户的年龄、性别、地理位置等显性信息，而是要掌握他们的兴趣、爱好、价值观等隐性信息。例如做环保类电动车的企业，就需要找到那些有环保意识，同时还喜欢小排量的用户，而消费者的这种购车喜好是不太可能通过自身的行为被发现的。这时，社交就成了一个最有效的途径。

另外，精细化营销也需要商家对用户进行精细的“呵护”。商家通过为用户画像找到了目标用户，这不过是营销的第一步。随后，商家还需要和用户进行大量的互动，了解他们的疑惑、困难，帮助其解决这些问题，而这种精细“呵护”同样也只能在社交中解决。毕竟，如果不交流、不沟通，再精明的商家也不会发现用户的问题，进而挖掘出其真正的内在需求。

总之，移动互联网时代是得用户者得天下的时代。商家从用户的角度思考得越深入，营销才会做得越精准、越高效，而所有对用户的洞察行为，都离不开社交，离不开与用户的交流沟通。我们不可能想当然地认为用户需要什么想要什么，我们只有走近用户，切身了解他们，才能得到最准确的答案。因此，无社交，无精细化营销。商家要做好精细化营销，首先就要做好社交这门基础功课。

得 1000 个铁杆粉丝者得市场

当今世界颇受关注的作家凯文·凯利有一个著名的“1000 个铁杆粉丝理论”。该理论源于他在《技术元素》一书中的一段话：“保守假设，铁杆粉丝每年会用一天的工资来支持你的工作。这里，一天的工资是个平均值，因为铁杆粉丝远比这花得多。再假设每个铁杆粉丝在你身上消费 100 美元，如果你有 1000 名铁杆粉丝，那么每年就有 10 万美元的收益，减去一些适度的开支，对于大多数人来说，足够生活。”

我们将凯文·凯利的“1000 个铁杆粉丝理论”搬到中国来再计算一下。假如某商家的微信号中有 1000 名铁杆粉丝，他们每人每年仅购买一次该商家的产品，按每单产品的利润 300 元来计算，那么一年的利润也会达到 30 万元。按凯文·凯利的话来说，你的生存问题基本可以得到解决了。

“1000 个铁杆粉丝理论”很好地说明了铁杆粉丝的重要性。所谓铁杆粉丝，就是对你有足够的信任，充分认可你的人群。这就好比一些人愿意驱车一整天去听一位明星的演唱会一样。对于这位明星而言，这些不计距离来捧场的粉丝，就是铁杆粉丝。商家的铁杆粉丝也一样，这些粉丝对商家非常忠诚，无论你创造出什么产品，他们都会支持你，并且产生购买行为。

对于商家来说，客户数量永远是最重要的财富源头。如果你拥有一批铁杆粉丝，哪怕你当前没有任何资产，你只需要在社交平台发布销售产品的信息，如果粉丝有需要，就会购买，进而为你的资产添砖加瓦。

那么，如何吸引粉丝呢？这仍然离不开社交的助力。我们以微信为例，作为社交平台，微信有着非常强大的功能。我们在微信中至多可以添加 5000 个好友，我们只要用心与好友交流，维护好好友群，并将这些好友转化成我们的粉丝，那我们的微信就不仅是一个社交平台，也是一个收入入口。

曾有一名在微信中卖高端茶叶的商人，他的微信中只有 400 个联系人，但他一年的销售额却能达到 800 万元。他所有的商业活动都在微信中进行，而且还从不主动找客户，都是客户主动来找他下订单。

他是怎么做的呢？他加的微信好友都是有高端茶叶需求的人，而且在平时的交流沟通中，他会不动声色地将自己茶叶的品质优势、价格优势、稀缺程度传达给这些人，使这些人主动成为自己的粉丝。同时他还通过有效运营使这些微信好友成为他的合作伙伴，给他们提供好的茶叶产品，帮他们建立成熟的销售体系。合作伙伴只需要做好客户的工作就行了，不用担心产品供应的问题。这名商人利用微信做社交营销，并且真正得到了好处。

拥有 400 个粉丝就有如此成绩，那拥有 1000 个铁杆粉丝呢？所以，商家一定要着力在潜在客户中培养自己的粉丝群体，要造粉，更要造铁粉。拥有的铁杆粉丝数量越多，金库就越大。

比粉丝经济更有黏性的社群经济

粉丝经济，有着粉丝忠诚度高、黏性强的特征，可以为商家或者个人带来收益。

在粉丝经济中，粉丝深受商家的影响，甚至会因为崇拜商家而产生购买行为。这样，粉丝就转化为商家产品的消费者。但粉丝经济是一种单向的价值流通，粉丝接受信息、购买产品，受商家灌输的价值体系的影响，但粉丝与商家之间还缺少横向的交流，商家与粉丝间存在着一定的距离。

社群出现后，商家和粉丝均是社群的内部成员，这样便形成了二者之间横向交流的纽带。社群，就是基于一个点，把一些需求和爱好都相同的人聚合在一起的组织。随着互联网的发展，社群媒体蔚然成风，像我们熟知的微信、豆瓣、知乎都可以看成是一个社群媒体。而社群经济就是商家通过对社群的服务与创造社群的价值来为自己获取经济效益。

社群经济相比粉丝经济，商家与粉丝间沟通交流的机会更多，与粉丝的距离更近。更重要的是，社群能让商家将“粉丝”变成朋友。不仅如此，在一个社群里，粉丝与粉丝之间还可以互动交流，商家让老粉丝吸引新粉丝成为可能。社群是由一个个体组成的，而万事万物有相似也有不同。社群的意义便是，一些拥有共同价值观的人组成了一个社群，这个共同的价值观就会成为这个社群的方向，社群成员依靠这个共同的价值观让关系越来越近，最终形成互为依托的关系。

通俗地讲，因为某个原因，大家相互产生联系，彼此需要，进而聚合在一起，并有着一致的行为规范和密切的互动关系，从而形成了一个社群。比如拼单买东西，基本是用户买得越多越便宜，而群成员甲只需要一点，群成员乙也买得不多，但甲乙两人一起购买就能得到商家的优惠。这样一来，在受益的过程中，群成员因为组织的连结，在消费者关系之上有了一层共同利益，这样整个系统的运作也会更加有效率。

这就显著区别于粉丝经济中，商家仅依靠粉丝对产品的向心依托而获得经济效益的做法。从这个角度来讲，社群经济显然比粉丝经济更为牢靠。

移动互联网时代，社群经济为商家提供了丰厚的回报。互联网家电品牌 SKG，就充分利用了社群组织来获取红利。SKG 曾在官方微博上，每隔一段时间就发布一份用户代言海报。而这些海报的代言人都是 SKG 的忠实粉丝，其中不乏知名电视节目主持人、公司总裁和自媒体“大咖”，这些人形象气质佳，还有一定的影响力，这样“粉丝”们被吸引就成了顺理成章的事了。

SKG 就是用老社群粉丝去吸引新社群粉丝，在社群 + 粉丝的共同助力下，SKG 取得了极大的成功。

其实，在移动互联网的时代，用户渐渐已经不再只在乎产品的功能，而是开始聚焦企业口碑、产品文化等精神价值。当情感体验超过功能诉求时，就产生了信任连接，人们开始自发推动组织运转且形成病毒式裂变，社群经济应运而生。当一群有共同品位、追求、价值观的用户抱成团，产生群峰效应，进而展开互动交流，对产品本身就会产生“反哺”的价值关系。

移动互联网营销的本质就是社交营销

前面我们已经说到过营销的本质，即研究人性和人心，找到用户的真正需求，吸引用户并留住用户。而移动互联网营销——通俗地说，就是手机营销——即通过手机登录各个移动互联网平台，发布营销信息、与客户互动，从而完成营销。

从营销的本质和移动互联网营销的特点来看，社交营销都能与其完美匹配。移动互联网所承载的每一个手机背后，都是一个实实在在的人，因此移动互联网是以人为中心的。商家通过移动互联网做的任何营销，其实都是在与那部小小的手机背后的人进行连接、与其互动。可见，没有社交，就没有真正的移动互联网营销。

现在，很多社交媒体的功能就是社交，商家利用这些社交媒体，可以随意和消费者进行交流。例如利用微博，商家可以将陌生人变成熟人；利用微信，商家则可以将陌生人变成客户。以前商家在街头散发传单、发广告，无非是想让消费者知道自己。而现在，通过社交媒体，则是要让手机另一端的消费者进行购买。

例如湖南米粉“伏牛堂”就充分利用了社交营销。它对接的微信群高达2000余个，并且频繁举行社交活动，不仅有线上的，还有线下的，从语言交流到社交活动不一而足。通过社交营销，“伏牛堂”成功将品牌“湖南辣”的价值点充分传播了出去，形成了“伏牛堂 = 正宗 = 辣”的品牌记忆。

移动互联网中的社交和现实中的社交一个很大的区别就是，在移动互联网中，我们可以联系有共同爱好或兴趣的陌生人，这个社交圈很广，受众群体多。而在现实世界里，我们社交的圈子几乎都是相识的人，社交圈很窄。本来社交营销在营销中就有着先天优势，而移动互联网中广泛的受众群体，更将这个优势放大了无数倍。

移动互联网下的商业形态，无论是产品、传播、品牌、销售，所有环节都离不开社交。因为移动互联网的使用者是人，而且随着消费升级，越来越多的消费者都有新的消费需求，所以，商家只有与消费者做好沟通，建立感情连接，才能完成商业活动，而不是单纯地、冷冰冰地让消费者和产品进行连接。要知道，这种没有温度的连接，最容易让消费者从产品的受众群体中流失。

大数据和云服务普及以后，我们将看到，未来移动互联网的发展还是会以社交的形式进行体现。例如当当网最大的价值，就是属于浅社交的书评；阿里巴巴也在微博中持续进行推荐；美国有些电商网站甚至能根据用户女友在推特上的评论，为用户呈现其女友最喜欢的商品推荐页面。

综合来看，移动互联网时代，无论什么营销都不能脱离社交而独立存在。无传播不品牌，无社交不传播。当今世界的消费者大多被移动互联网所覆盖，他们有圈子，有朋友。所以，社交营销就是移动互联网营销的本质，现在如此，未来更是如此。

第三章

社交营销重塑商业格局

移动互联网下的社交改变了消费者的生活，同时也改变了商家和消费者之间的沟通方式。在社交网络上，商家与用户开始平等对话，社交成了引流、造景、塑造口碑的绝佳途径，同时它也打破了传统营销的边界。所有这一切都表明，社交营销正在重塑商业格局，并让越来越多的不可能变为可能。

先圈人，再圈钱

互联网经济中，“先圈人，再圈钱”的情况屡见不鲜。前几年盛行的“烧钱”圈用户战略就是如此。滴滴和快的初进市场时，不断用补贴回馈用户，滴滴回馈司机一元，快的就回馈两元；滴滴补贴用户10元，快的就补贴12元。你争我夺，为的就是尽快“俘获”用户、积累用户，以期尽快把规模做起来，防止对手霸占市场；同时也为了培养用户习惯，占据市场，以及提高老用户的活跃度和留存率，营造口碑，获得新用户。

传统经济时代，商家只为在自己这里有过消费的人提供服务。在互联网经济下的商业活动中，所有用户，无论是已消费的用户还是潜在用户都需要商家着力“笼络”，补贴也好，免费也好，商家首先要做的就是汇聚海量用户。用户是商家们经济收入的源头。有了用户才会有规模，才会有市场效应，才会形成有效的商业模式。我们之前也说过，现在是“用户至上”的时代，你能不能获得经济效益，很大一个因素就是看你的用户群是不是足够大。

社交营销同样如此。我们依托社交媒体搭建社交圈，而社交圈子必然是以人为基本单位的。建立社交圈子的前提就是先圈人。

我们做社交营销，不能只一味想着做生意，而要先经营好人与人之间的关系，再把和圈子里的用户的关系做熟，并且积极地把圈子外的人变成圈子内的人。社交营销的魅力就在此，先建立用户的圈子数据库，进而挖掘出用户的价值，最终就能做到精准营销。

用一个通俗的比喻来说，商家搭建的社交圈就好比一个鱼塘，要有鱼就得先有鱼塘，要想鱼上钩就要有足够的鱼。而鱼之所以愿意出现在这个鱼塘里，是因为鱼塘里有鱼喜欢的东西。那么我们的鱼塘就得有充足的水源、足量的水草和舒适的生活环境，然而这些都是需要商家来打造的。

互联网中的人都不是独立存在的，每个人都可能同时存在于多个“鱼塘”之中。商家要圈人，就势必要吸引其他“鱼塘”的“鱼”。怎样才能成功吸引呢？主要有以下三点：

（1）我们可以利用自己的产品特征和用户的兴趣，寻找与产品相关联的社交平台，进而在社交媒体上寻找对产品感兴趣的用户。举个例子，假如你是卖耳机的，那你的潜在客户就可能在唱吧之类的 APP 上；假如你是卖糕点的，那美食类 APP 就会是你发掘潜在客户的比较好的平台；

（2）微博、豆瓣这些社交媒体本身就汇聚了大量用户，我们可以基于自己产品的特征，制造一些有吸引力的话题，吸引用户加入自己的社群；

（3）我们还可以通过一些线下活动，制造让用户深度了解产品和体验产品的机会，与用户建立好感情，吸引用户入圈。

一开始，我们的鱼塘不可能建得太大，但一定要把鱼塘的设施建好，就像我们前面说的，鱼塘里要有充足的水源、足量的水草和舒适的生活环境。我们的营销内容一定要有料，要有吸引用户眼球的东西，这样才能在小圈子内蓄积起强大的势能，吸引更多的鱼加入鱼塘。

我们这样圈定用户以后，还需要聚拢一群认可我们产品的人，通过他们的口碑传播，可以吸引更多的人。

无论如何，在社交营销前期，圈人是商家最需要做的事。有了人，进而维系人，使其活跃，这样商业变现才会水到渠成。如果没有人，只有一个空空的“鱼塘”，那我们什么也得不到。社交营销是建立在互联网经济形态上的，而互联网经济和传统经济的最大区别就是，在互联网经济中，消费者处于商业链条的最顶端，因此我们不可能一上来就想着先圈钱。只有先满足用户需求，先圈住用户，进而把其培养成粉丝，甚至是铁杆粉丝，才能实现商业变现。

可以造景的社交营销

现在的消费者，无不渴求着用最少的时间和精力来达成自己的购买心愿。例如，消费者想要吃汉堡时，总希望服务员能在第一时间将汉堡递到他们手上；消费者吃完饭想要结账时，总恨不得马上付钱后走人，谁也不愿意排队。

面对这样的消费者，商家要做的就是制造让他们感动的场景，也就是让消费者获得更好的体验感。这就好比航空意外险之所以在机场卖得特别好，是因为乘客来到机场后，会突然想到飞机有坠落的危险，这个场景便激发了乘客购买意外险的需求。也就是说，特定的场景激发了购买的欲望。

营销也是如此，而社交营销又在造景上有着独特的先天优势。

在造景的过程中，大数据是社交营销最好的帮手。商家可以利用大数据，轻易描绘出消费者的年龄、性别、收入、喜好及所在地域的特征，然后根据其特征，打造相应的场景来吸引顾客购买或消费，这是最简单的造景。

卖购物卡的商家，在春节等节假日时，可以结合消费者的地域分布，为其精准地推荐当地超市的购物卡。

场景的构建源于商家对目标人群的有效洞察。社交营销全面互动的交流特征让商家可以随时掌握用户消费的目的和意义，例如在情人节、春节等节假日，商家就可以设置相应的场景，使用户沉浸其中，从而激发其购买欲。例如 2020 年年货节期间，京东设置的大焕新、囤年货、送年礼、买洋货、办土货；阿里设置的走亲访友、聚惠轰趴、新年大餐、旅游过年、新年焕新等，都是具有场景性质的导流活动，这些场景化的设置同样可以用到我们的社交营销中。

另外，社交营销有着强大的社交聆听功能，这让商家能够更好地了解消费者，并针对消费者的心理、行为策划出具有针对性的沟通内容和场景形象。网友们在社交媒体上可以随时分享商品信息和对商品快速做出反馈，这就让商家应对用户的临时需求成为可能。有时，用户的需求是显而易见的，有时从用户对商品的评论中我们也能看出端倪。对于商家而言，不要盲目向用户推送信息，而是要通过分析推测出用户想要的场景，然后去制造场景，进而引导用户消费。

例如，当商家在社交聆听中得知有用户要去参加酒会时，那用户就可能基于酒会这一活动产生出衣着、打扮、自我表现等强关联的需求，从而产生消费行为。商家可以通过构建酒会这一场景来烘托自己的产品进而刺激消费者，使其产生消费行为。

此外，商家还可以根据消费者所在环境的不同，做出相应的推广活动营销，这样也能激起消费者的购买欲望。就像前面例子中，在机场售卖的航空意外险一样。

当然，有效的社交聆听还能大大提高用户的体验感。商家要做的就是不断关注用户对产品使用后的信息反馈，并根据用户的反馈及时做出调整。另外，在营销时，在微博中“卖萌”，在微信中分享干货，都不如在产品的体验感上下功夫，因为用户最关心的还是产品体验的好坏。如果这一点得不到满足，那营销就很难进行下去。既然社交营销为我们设置了“与用户做朋友”的窗口，我们就需要始终把提升用户体验感作为自己的宗旨，而这也是其他营销手段所不具备的。

据小米发布的消息称，小米的微信公众号，只有9名运营人员。他们每天差不多要面对100万粉丝的留言。虽然这些“粉丝”不可能同时在线，但每天留言的数量仍然非常惊人。尽管现在可以通过智能程序来自动回复信息，但小米还是要求这9个人要尽可能地一一回复信息，因为真人回复才能让用户感受到被尊重。可以想象，这9个人的工作量是非常大的，但是这种做法却很好地体现了“与用户做朋友”的精神，大大提升了用户体验感。

做社交营销其实也是做人情，现在的消费者都不喜欢冷冰冰的营销模式，因此我们需要通过社交这个窗口，为用户制造相应的场景，提高用户的购物体验感。有场景、有体验，本身就是一种增值服务。对于商家而言，这种增值服务是能打动用户、提升产品口碑的。

用口碑塑造品牌

在传统营销时代，营销方式要么是做广告，要么是请明星代言。商家主要期望通过这两种方式提升公众认知度，同时提升品牌的美誉度并且借助渠道、终端来发力，但很多时候，商家还没有为自己的产品做到有美誉度的时候就已经撑不下去了，因为品牌的口碑开始恶化。从方式上看，这是一种典型的由外到内的传播路径。

当互联网尤其是移动互联网出现以后，商家的营销工具发生了根本性的变化。商家可以在各个社交媒体中针对自己的用户做精准推广，就是把营销事件做成话题，进而将话题做成用户感兴趣的内容。这跟传统营销时代，商家们利用的画册、物料、终端陈列、现场话术等工具做营销有着鲜明的对比。

社交营销发力的也不再是渠道、终端，而是公众口碑。做好了口碑，就能在公众中形成广泛的知名度。赢得了核心人群的信赖，这部分核心人群就会带动大众，最终形成广泛的覆盖和影响力，这是社交营销独有的营销逻辑。

因此，口碑在移动互联网时代成为商家最为看重的特质之一。口碑即消费者口口相传的评价，不仅宣传成本低，而且有着极高的可信度，在市场中还有很强的控制力，因为现在的消费者已经习惯通过商品的口碑来选择商品。

这就好比人们在选择去一家陌生的饭店吃饭时，总会询问一下以前在这家饭店吃过饭的朋友，听听他们对这家店的评价。如果朋友的评价是好的，那人们有很大可能会选择这家店。一旦朋友的评价中有不好的一面，人们可能就会放弃这家店。

这里，朋友对饭店的评价就相当于这家饭店的口碑，口碑的好坏决定了这个人是否去就餐，也决定着这家饭店是否能多一份收入。社交营销中，每一个人都可能成为信息节点，在这样一个开放的市场中，负面的传播会导致产品更快地走向死亡，而正面的传播会促使一个产品形成品牌效应。所以，社交营销使得用户的话语权空前高涨，同时口碑也成了商家塑造品牌的最好路径。

在社交中塑造口碑，最好的方式是找到一个引爆点，为产品造势。例如办公室中一位长期高谈不婚主义的女同事，某天突然向大家宣布自己要结婚了，这时，引爆点就出现了。

做营销， 不光要注重技巧，更要注重细节。也许一个点就可以带火一个产品、一家店，进而引爆市场。例如一个顾客的一条视频或一条带有图片的暖心推荐就可能让一家饭店高朋满座，这种不起眼的点，就是商家所不能忽视的引爆点。

商家的产品如果超越了用户的某种预期，或是给用户带来了某种不一样又非常愉快的心理感受，这种引爆点就出现了，而引爆点的背后就是口碑。用户一旦认可了你的口碑，便会帮你传播，让你的产品在受众中的覆盖面迅速扩大。

和传播者共赢也是树立口碑的较好方式。商家希望用户帮自己传播，但商家也要给用户一个帮你传播的理由。例如人们都喜欢在朋友圈里“炫”，有人炫旅游，有人炫交际，针对这种“炫”特质，商家就可以给用户提供一些特别的资源，让用户觉得这是可以放在朋友圈“炫”的东西，这样他们就会在不知不觉间帮商家进行传播。而有了传播，商家的品牌也才会更有价值。

分享即营销

通常，一个用户刚开始接触一个商家时，很难对其产生信任感。即使商家提供的产品很有价值，但想让用户对其产生信任感，还是需要时间的。这就好比传统的营销体系中，那些上门式的销售，在短短的几十分钟或几小时中很难让客户买单一样。

如果商家只给用户提供一次价值机会，用户很难对商家产生信任感。如果商家能再多提供几次价值机会，用户可能会在潜移默化中对你产生信任感。

在传统的营销体系中，我们很难持续地为用户提供价值机会，但在社交营销中，商家可以轻易做到这一点，因为商家的每一次分享或是用户对其他用户的分享，都是一次展示产品价值的机会。

社交营销中的分享，不是用户“被推销”，而是需要商家不断给予，不断分享其思想、服务内容，久而久之，用户自然明白你所要表达的意思。

也就是说，分享即营销。分享让商家与用户交流的每一段时间、每一个点都成为商家营销的机会。分享的频次替代的是传统的广告推广，分享的创意和深度替代的是传统的公关。

举个简单的例子。滴滴打车的崛起，就是大量用户分享“打车优惠券”的结果。那个时候，几乎所有用户都在分享这个优惠券。用户在分享时，不仅自己得到了实惠，也让别人得到了实惠。就这样，滴滴竟然在短短三年的时间里做到了300亿市值。

分享，尤其是朋友间的分享，是人们所信赖的。越是关系好的朋友分享的内容，人们越会去看一看。而朋友间分享的内容越有价值，我们越会对其产生信任。

其实，每个商品的价值，只有通过分享才能被人们所熟知。对于商品来说，创新是创造价值，体验是让用户感受价值，分享则是传递价值。这三个环节就是一个品牌创建的过程。这和传统的品牌创建的过程是完全不一样的，因为社交营销不再依附于调研、定位、促销这些手段了。简言之，社交营销的核心是分享，只有做好分享，才能为品牌带来一定的价值。

分享中，语言是苍白的，营销的氛围、形式感体验比语言更为重要，这需要创意来完成。创意的分享本质是体验的分享，体验需要根据每个人不同的生活阅历、经验而定。如果想要获得好的分享结果，做有创意的分享内容是最好的办法之一。例如在商品内容或商品的详情页面做一些有奖励性质的文案或设计，就能很好地激励起用户的分享兴趣。

分享最大的主体不是商家或第三方平台，而是人。在社交营销中，每一个人都是一个营销节点、一个营销渠道，用户就是商家的传播者、分发者、营销者。如果我们的信息让用户觉得新奇、有趣、有用，用户就有了分享的动机。现在每个社交平台几乎都有一键分享功能，用户有分享意愿时，动动手指就能完成。而商家要做的，就是不断制造有趣的、新奇的内容供用户分享。

服务即销售

任何一个商家，除了出售自己有形的商品以外，还要附带一种无形的商品，那就是服务。

在传统营销中，我们也能看到以服务取胜的例子。

海底捞的服务在商业界可谓如雷贯耳。海底捞“掌门人”张勇刚创业做火锅时，竞争对手个个都比他强。当时的刘一手、德庄、小天鹅等火锅店，要么有新鲜的食材，要么有火锅底料秘方，要么有出众的调料。而张勇手里什么都没有，甚至他本人对火锅都不太懂。

这时，张勇想到了服务。张勇的思维是：“如果不能让顾客吃得好，那海底捞起码应该让顾客心情好吧。”于是，海底捞开张以后，如果有顾客的鞋子脏了，海底捞的工作人员会免费给顾客擦鞋子；如果有顾客因为喝酒胃不舒服了，海底捞的工作人员会免费给客人熬一锅小米粥……

凭着这些极致的服务，海底捞逆势崛起，迅速壮大，“海底捞”这几个字也成了火锅界的一块金字招牌。

其实服务本身就是营销的一个组成部分。只是它在传统营销时代并没有得到应有的重视。那时候，商家大多只重视前端的运营和销售，并不重视客服工作，对于顾客的询问，通常都只是简单应付了事。

直到社交营销出现，服务才又被商家重视起来。在社交营销中，交易的主体对象是人，营销不再以第三方电商平台为主，而是像微信这样的具有强关系的社交平台为主。这样商家可以直接链接到消费者，没有中间渠道。而消费者要购买商家的商品，是以信任为前提的。第一批购买商品的人使用了商家的产品以后，发现产品效果很好，就会自主分享，然后形成口碑，不断进行传播。如果可以的话，商家的产品甚至可以被销售到世界的任何一个角落，以及任何一个人手中，即让一个产品成为世界上所有人都称赞的产品。

这就是基于信任的社交营销。大多数人都具有被服务的需求，对于商家的顾客关系管理，服务就成了最重要的纽带。

在社交营销中，服务比运营重要得多。服务即销售，服务得好，用户才可能被留存、被拓展；服务一旦缺位，再好的营销也阻挡不了用户的流失。就像马云在 2017 年的中国（深圳）IT 领袖峰会上讲的那样："未来 30 年不是肌肉和知识的竞争，而是服务和体验的竞争。"

现在，中国的网民数量几近饱和，任何商家都不愿意被别的商家引走流量。只有服务好客户，让用户对你产生强信任感，才能吸引并留住流量，你的商业发展才能持久。

商家对用户的服务，必须是走心的，不是只用简单的"您好""欢迎下次光临"来应对用户，而是需要用超出用户意料之外的服务态度来服务用户。社交平台是一个和用户全方位沟通的渠道，这极大地提高了商家和用户换位思考的可能。在社交营销中，用户的一言一行都可能透露出想法和期望，商家只要详加甄别和理解，就能提供让用户满意的服务。如果商家能把服务做到极致，就可以获得像海底捞一样的口碑。

可以裂变的用户

传统商业时代，企业要想吸引更多的用户购买自己的商品，只有通过口碑在线下传播和裂变。而移动互联网时代，社交营销让商家在线上进行社交裂变成为可能。所谓社交裂变，就是商家利用用户的社交属性和一些特定的心理，例如赚钱、省钱、炫耀、求关注等，让用户自发传播商品信息，实现商品用户一到二、二到四的指数级增长。

从表现形式来看，那些能让用户传播分享的运营行为叫作裂变；从结果上来看，那些能以低成本、高效率、指数级增长来获取用户的方式也可以叫作裂变。

社交裂变最早出现于QQ、微博中，比较常见的方式是用户转发并分享抽奖的信息。后来，拼团模式逐渐兴起——即多人参与拼团购买，就可以获得商家的优惠——于是又有了拼团裂变。再后来，裂变的方式越发丰富，像用户转发有礼、转发得红包、好友助力享受商品免单等都是实现裂变的方式。

电商平台每日优鲜的迅速崛起，就是用户裂变的功劳。每日优鲜非常看重社交营销，着力于基于社交的裂变和口碑营销。例如，每日优鲜会广建微信群，并且不定时地在群里发布新品信息、优惠活动信息，甚至是食物最新潮的做法。同时，每日优鲜也常常和消费者进行互动，例如举办线下的音乐节和粉丝见面会等，通过多种形式来提高用户黏性，并成功吸引了很多用户在社交平台进行分享，由此又吸引更多新用户的加入，完成用户裂变。

拼多多的助力裂变也是如此。拼多多推出的砍价活动，即如果有用户挑选好了某个商品，可以将它分享至自己的朋友圈中，邀请好友帮助其砍价。如果好友帮砍成功，该名用户就可以用较低的价格获得性价比高的商品。在帮朋友砍价的过程中，也会吸引更多的用户参与到砍价活动中。在不知不觉中，拼多多实现了用户裂变。

那么，如何更好地实现用户裂变呢？首先用户裂变强调分享。分享是当下人们的一种社交需求，用户分享得越多，商家受益就越多，此外，分享也可以潜移默化地培养用户的行为习惯。

其次，用户裂变可以把商家和消费者的利益捆绑在一起。例如分享有礼，分享有红包，或者给予用户荣誉等级、VIP 等级等精神奖励。在这种情况下，用户就不单纯是商家的消费者，而是承担了商家分销商的角色，而每一个分销商又成了商家的引流端。

现在的主流消费群体是 90 后、00 后，他们早已不满足于简单的社交活动，他们希望借助关系链，通过传播和分享，使得商家让出一部分利益，满足其省钱或赚钱的诉求。

再者，现在的社交平台也为社交裂变创造了天然的条件。例如微信就将传统的人际关系做成了互联网化，构建了一个庞大的社交生态。利用微信小程序、公众号等工具，商家可以与用户进行简单又高效的连接，进而实现低成本的精准导流和品牌宣传，降低了以往投入高额广告费用的风险。

所以，裂变对商家而言，不仅是一种工具，更是一种新型营销方法。它深刻地影响了商家与用户的关系，为商家带来了极大的流量，同时为其打造了一种便捷又高效的营销生态。

去中心化的“人人电商”

自从2003年个人电脑普及以后，我国的零售业就开始在线上大展拳脚。在这近20年中，电商经历了三个质变的阶段。

第一代电商的主要模式是以货聚人，货品成为电商导流的关键，因此成就了淘宝；第二代电商是以质取人，品质成为电商取胜的关键，因此成就了京东。现在电商发展到第三代，是以人取胜，电商开始去中心化，谁能赢得用户谁就能获得长久发展。

何为去中心化？去中心化，在社交电商时代首先是去第三方平台。第一代电商和第二代电商都有第三方平台，即淘宝和京东。有第三方平台，商家商品信息的生成、制作、分发都需要依赖这个第三方平台来完成。移动互联网打破了这一切，尤其是社交平台兴起，使我们每个人都可以成为信息的制造者和传播者，中心媒体或中心平台不再具有垄断性的地位。

再者，去中心化也代表着每个人都能成为“中心”。这样我们每个人都可以用最低的成本来宣传自己，或者是售卖自己的产品。举个简单的例子，以前中心化的时代，只有被中心认证后，有资格的讲师才能在台上讲课，而其他人只能在下面听。去中心化以后，我们每个人都可以选择在台上演讲还是在台下听讲，而没有任何中心的干扰。

发达的社交平台是天然的去中心化的工具。在这些平台上，每个人都可以在消费者、店主、零售商之间进行自由切换。只要你有可售卖的商品，你就可以在社交圈中发布相应的内容，吸引用户购买。例如一个都市白领，在老家的水果上市以后，她就可以在微信朋友圈中对家中的水果进行宣传，并展示购买二维码，朋友只需扫码支付即可完成交易。在这个过程中，他就是一个店主的角色。而你在朋友圈购买其他产品时，你也是一个消费者。

既然人人都可以成为商家，那么你也可以通过社交营销让用户变成你的分销商，帮助自己卖货。如果用户愿意分享你的产品，或者觉得分享出去能赢得他人的关注，或者能得到好处，这就容易吸引其主动传播，进而实现裂变。

因此，商家总是会想尽办法点燃用户的热情，通过利益捆绑来实现用户裂变。就像现在有的房地产商推出的营销策略：凡是购房者，只要成功推荐朋友来买房，每成交一单后可以给他们一定的提成。这就是在用现金激励的办法点燃人的热情，提升业务销售额。

所以，我们都应该有这样的认知：社交营销是去中心化的。而在社交圈子中，每个人都可以成为独立的电商或某种商品的分销商。这时，商家的用户就不再只是用户，还是商家的分销商，这种流量的汇聚将出现在每个人的社交关系之中。

架构篇

社交营销要做好顶层设计

第一章

社交营销主流模式，总有一款适合你

随着各种社交媒体的崛起，社交营销也逐渐演变出多种模式，除了常见的双微营销，还有短视频营销、直播营销、线上 + 线下的社群营销等，社交营销模式林林总总，总有一款适合你。当然，社交模式并不局限于只选一种，我们也可以多种模式结合使用，但前提一定是要选适合自己的。

短视频营销：有料更有效

如果说 2016 年是直播元年，那 2017 年就是短视频元年。所谓短视频，就是时长在几十秒到几分钟不等，依托智能终端设备实现快速拍摄和可编辑，可以在社交平台上进行实时分享和无缝对接的一种视频形式。

短视频刚刚上线时，因为用户对短视频还不是很了解，其发展并不是很快。但随着用户对短视频了解的逐渐深入，短视频在上线短短半年以后就迎来了爆发期。

据统计，截至 2020 年 12 月，短视频在网民中的渗透率已增长到了 88.3%，用户规模达 8.73 亿。毫无疑问，短视频已经成了移动互联网领域的流量担当。

短视频的火爆，得益于互联网全面进入移动化时代后，网民的网络行为习惯的变化——时间碎片化和社交媒介化成为主要特征。短视频因为其直观、短小的表现形式受到网民的关注和喜爱。人们可以利用短视频在碎片化时间里满足放松、休闲、娱乐等需求。此外，现在的流量资费比较便宜，网民们观看短视频的成本十分低廉，也是短视频火爆的原因之一。

短视频是以动态形式呈现给网民的，并伴随着带有制作者感情的音乐、语调、剧情、文案等，能更好地带动观看者的情绪。如果商家通过短视频进行营销，就能在用户与自己的商品或服务之间建立起情感纽带，有利于提高转化率。

基于上述原因，短视频的风靡就成了理所当然的事了。当然，短视频也给商家带来了一个全新而又高效的营销通路。

1. 短视频营销的内容策划更专业和立体

短视频营销与传统的广告有很大的不同。传统的广告通常是单向传播，其重点是向用户传达产品信息。而短视频营销是双向的互动传播，商家的重点是向用户传递产品信息的完整性和产品信息的原生态，这样才能制造话题热度，满足用户传播、分享的需求。

2. 短视频营销有强大的观众互动和分享基因

无论是快手还是抖音，都带有天然的社交属性。网民看到一个有料有趣的短视频后，自然会萌发出评论乃至分享的想法。因此，商家进行短视频营销，不仅能向用户传达产品信息及自己的价值主张，也能让用户进行互动和分享。这样商家就更容易将精准的用户聚在一起，让自己的商品更广泛地扩散。而商家还可以借助大数据手段，通过分析短视频的评论数据、分享数据来获悉自己的营销效果，进而调整营销策略。

3. 短视频营销是粉丝经济最大化的体现

现在是一个非常注重个性化的时代，商家无论规模大小，都可能拥有自己的粉丝。短视频丰富了商家自我展示的渠道，让商家更容易找到自己的受众群体。这样聚合下来的粉丝，有着极高的黏性和忠诚度，以及不可低估的营销转化力。

4. 短视频营销的传播渠道呈多样化

以前传统的广告制作好以后，商家只能选择在电视台、视频网站进行播放。短视频则不然，它有着很强的兼容性，商家可以将其发布到各个社交媒体中，比如微信朋友圈、微博、QQ 空间等。对商家而言，多样化的传播渠道提高了其短视频的播放量，拓宽了传播途径，也能取得更好的宣传效果。

不仅如此，商家制作短视频的成本相对低很多。拥有这么多优势，使得短视频营销在商业领域中蓬勃发展起来，就连各大品牌也无一例外地利用短视频进行营销。

京东将短视频作为自己的全新内容战略布局，走精品化路线，为用户提供趣味性、专业性的优质内容。利用这种方式，京东一方面吸引了用户的关注与停留，另一方面又深度“种草”了用户，为用户做了更好的购买决策。对京东而言，短视频提供了从“种草”到转化，再到用户沉淀的全链路营销。

不仅京东，蒙牛、海尔、海底捞等也在短视频营销中取得过辉煌成绩。由此可见，短视频营销正在成为现下人们竞相参与的一项营销模式，也在成为移动互联网时代人们的一款新社交名片，任何商家都不可等闲视之。

“双微”营销：流量圣地，实力圈粉

2009 年，微博诞生，两年后的 2011 年，微博营销开始兴起，并在随后一两年内成为社交营销的主流模式。虽然当时互联网上还流行着论坛营销，但论坛营销根本无法与微博营销相提并论。

2012 年 8 月，微信开始推出公众平台，微信营销随之兴起。自此，在很长一段时间以内，“双微营销”就成为大小商家社交营销的标配。

微博是一款基于用户关注链接关系的信息分享、传播和获取信息的平台。说到微博，现在人们谈到的基本都是新浪微博。有数据显示，新浪微博 2020 年的月活跃用户达 5.23 亿。其中移动端活跃用户约占新浪微博月活跃用户的 94%。从这个数据可以看出，我国几乎一半的网民都在使用新浪微博。

微博的特点可以概括为“短、平、快、碎、即、开”六个字：“短”是指微博通常以 140 个字符为一条微博的最大长度，这使得微博信息变得非常精练，也使得微博非常符合现代人快餐文化的特征；“平”是指虽然微博用户的背景各不相同，但大家在微博这个平台上是平等的；“快”是指用户在微博上发布的帖子，其粉丝都能看到，如果这个帖子很有亮点，那么粉丝中就可能有人愿意将其拿出来分享，粉丝的粉丝也可以看到，使其在短时间内获得大量传播；“碎”是指用户在微博上看到的每个人的信息都是碎片化的，这正符合现在碎片化时代的特征；“即”是指用户可以随时发布微博，不受时间和空间的限制，另外，用户也可以很容易地搜索到自己想要查看的帖子，并且予以转发或评论；“开”是指微博上的讨论是一种开放式的聊天模式，我们并不会事先知道有哪些用户会参与进来。在讨论过程中，任何时间都可能有用户参与进来。

微博庞大的用户基数和这些符合人们社交需求的特点为商家进行营销提供了天然的优势。对商家而言，微博的用户中有很多潜在客户，因此可以通过精准定位锁定目标用户，进而实现转化。而且，商家也可以通过微博向公众述说品牌的经营理念，以及产品、服务的优惠活动等，进而为自己宣传，以便提升知名度。

例如华美食品曾借中秋佳节来临之际，在微博上发起了“会说话的月饼”这一促销活动，让人们录制上传祝福视频，就赢得了很多年轻人的参与热情，其产品也迅速得到传播。

相比微博，微信的用户群更为庞大。2021 年 1 月 19 日，微信创始人张小龙在微信公开课 Pro 直播演讲中披露，中国每天有 3.3 亿人通过微信进行视频通话，7.8 亿人进入朋友圈，3.6 亿人进入公众号。在我国的各个社交平台中，微信可谓当之无愧的国民级应用。

微信主要基于熟人社交，而在我国的移动互联网用户中，有 67.1% 的人对熟人的主动性要高于陌生人。由此可以看出，微信在社交营销中所具有的巨大优势。

用户注册微信以后，就可以和同样注册为微信用户的朋友产生一种联系，或者通过其关注自己需要的信息，而商家就可以通过设立公众号或小程序等方式为用户提供需要的信息，借此宣传自己的商品和服务，实现点对点的营销。在微信上，商家不仅可以发布文字，也可以发布视频动态。可以说，微信兼具图文、视频的特点，商家可以根据自己的需要任意调整自己的信息。

只要有人分享信息到微信朋友圈，其好友就可以即时看到。商家如果注册了公众号，发布的文章也能让用户看到进而分享给他人，其信息扩散速度十分惊人，甚至可能产生蝴蝶效应。

我国护肤界的老品牌百雀羚就曾借母亲节之机，打造了一个“看我一镜到底”的神广告《一九三一》并在微信中做营销推广。借助微信用户传播、分享的力量，这个广告一度刷爆朋友圈。广告中民国风、谍战、女特工等脑洞大开的剧情设定，非常受微信年轻用户的欢迎，点赞不断。而百雀羚的这个广告形式也一度成为爆款，品牌知名度也开始蹭蹭蹭往上涨。

所以无论是微博还是微信，都是拥有庞大用户基数的社交平台。只要商家针对双微用户的特点设计出有新意的内容，并与用户进行真诚、良性的互动，就会实现实力圈粉，从而赢得受众。

线上 + 线下的社群营销：体验 + 购买的闭环营销

说起传统营销，其特点无疑是高举高打，广泛覆盖，利用渠道取胜，是一种无差异化的营销模式。而在移动互联网时代，消费者更喜欢富有个性、小而美的产品，同时这些产品被最大化地细分。这时传统营销也就失去了优势，社群营销逐渐开始取代传统营销，成为商家营销的新选择。

要想做好社群营销，就要了解社群的特点。社群基于一个点，把一些需求和爱好相同的人聚合在一起。像我们熟知的微信群、豆瓣小组等都可以被看成社群。社群可以通过最初沉淀下来的、忠诚度高的种子用户来快速积累口碑，并通过 B 端赋能，在 C 端进行裂变。

鉴于此，社群也给一些中小商家提供了机会。建立社群并不需要多高的成本，商家只要生产出有影响力的内容，一旦被群内用户认可，就可以引爆社群。在这里，内容是媒体属性，是商家引流的入口；社群是关系属性，是商家沉淀流量的平台；商业是交易属性，是实现流量价值的出口。

好的社群营销，还可以做到线上线下的融合，达成体验 + 购买的闭环营销。

2008年创立于深圳的幸福西饼，主营蛋糕、下午茶等烘焙食品。为了更好地实现线上、线下的融合，其通过在线下门店中发放奖品或福利将用户导入线上社群。另外，它也在一些租房企业社群中做推广和宣传，吸引用户加入自己的社群。

用户进群以后，幸福西饼又推出了一系列活动。例如进群的用户可以再拉新人进群，如果有用户拉满10个人，就可以获得幸福西饼提供的奖励；一个群如果达到了其设定的人数，幸福西饼也会通过抽奖的方式给群成员发放奖励。

这两种方式同时使用，使得幸福西饼的用户群迅速裂变壮大。为了更好地区分这些群，幸福西饼的社群名称都是以地名进行命名的。这使得进群的成员基本上都是该门店附近的居民，包括这些裂变而来的新用户。

群成员在社群里获得幸福西饼发放的奖励以后，都需要去线下门店领取。这样一来，当用户到门店领取奖励时，通常都会进行额外消费，幸福西饼也获得了更多的销售收入。再者，幸福西饼在社群中会不定时地推出一些新品信息，这对群成员的诱惑是很大的，因此吸引了更多人到门店消费。甚至，在群成员过生日时，它也会对群成员提供会员折扣。社群的人越多，享受折扣的人就越多，到店的客人也会越多，这对于用户和幸福西饼，是一个双赢的机会。

就这样，幸福西饼通过社群营销，完美地实现了线上和线下的融合，实现了体验＋购买的闭环营销。

幸福西饼的社群营销可以为很多商家提供经验。首先，商家线上的基础体系要搭建完善，便于形成营销循环，以赢得用户的信任。其次，商家要通过好的商品、好的服务赢得用户的口碑。接着就是和线下的融合，商家可以通过线下二维码进行引流，然后利用各种优惠券增强用户黏性，同时，商家要想办法利用线上活动吸引用户到线下进行消费，有门店的可以引导到门店，没有门店的可以和线下商家进行合作。这样就能将线上线下很好地结合起来，实现用户体验 + 购买的闭环营销。

直播营销："润物细无声"中做营销

直播，是主播通过直播平台向观众传达自己要表达的内容，同时观众也可以通过发送弹幕与主播进行交流、沟通的一种互联网新型媒介。这几年，直播作为互联网的一种新型媒介异军突起，各大直播平台如雨后春笋般出现在人们的视野中。

通过直播，商家可以将自己的产品直观地展示给观众，进而吸引用户在直播间里消费，这便是直播营销。

2020 年，突如其来的新型冠状病毒肺炎疫情使得直播电商行业呈暴发式增长，仅 2020 年上半年，我国直播电商交易规模就达 4561.2 亿元。

首先，现在的消费者已经对单纯的图文信息感到厌倦，相对而言，他们更愿意把时间花在观看直播上，90 后、00 后尤其如此。

其次，做直播营销的商家可以通过直播将商品直观地展示给消费者，打破了以往电商仅通过网页向消费者展示货物的虚拟状态，大大降低了消费者因为买错商品而退货的可能，这就给消费者营造了一种购买"实体"商品的场景。

再者，所有的直播营销中都附带社交功能，使主播可以和粉丝进行无障碍沟通，消费者有疑问可以即时提出，主播也可以对其即时解答，这大大提高了用户的购买体验感。当然，如果商家选择与网红进行直播合作，由于网红自身的影响力和其拥有的大量的粉丝，直播营销效果又将上升一个层次。

老牌电器商苏宁曾借助网络直播，邀请网红孔垂楠在苏宁慈云寺店与粉丝互动。仅四十多分钟的直播，引发 4 万粉丝围观，15 万多人点赞，场面非常火爆。孔垂楠主推的美图 M6 手机，仅在短短三秒之内，就被粉丝通过苏宁易购移动端抢购一空，创造了此类手机史上最牛的销售纪录。

还有一些商家邀请斗鱼等直播平台的网红主播，让其推荐自己的商品，竟使自己的产品成为单日单品的销量冠军。

从这里可以看出，直播为传统电商做了更好的赋能，也是网红经济的直接体现。在这里，商家可以自己开直播，也可以和网红合作进行直播，网红的力量在直播中是不可估量的。

说起直播，很多年轻人都能想到知名的“口红一哥”、美妆博主李佳琦。身为男性的李佳琦在化妆品方面却比大多数女性还要专业，而且他还获得了 30 秒内涂口红最多的吉尼斯世界纪录，再加上做直播时，他非常的敬业。所有这些因素加在一起，让他很快拥有了千万粉丝。现在，只要李佳琦在直播时说上一句“Oh my god，这也太美了吧，买它买它买它”，那他推荐的商品就会分分钟卖断货。

这就是直播营销的魅力。每个主播都可以找到供自己表达的平台，以展示自己的个性或制造直播话题，吸引认同自己的粉丝。而一旦拥有了大量的追随者，营销变现就成了轻而易举的事了。

联动营销：资源联合的营销狂欢

当前，几乎所有成功的品牌都非常注重联动营销。随着品牌、产品的大爆发，消费者也被严重分流。有的人关注这个品牌，有的人则关注另外一个品牌。而联动营销则是不同的品牌之间进行战略联盟，通过活动等形式将各自的消费者聚在一起，实现双方粉丝的共享。例如大家所熟知的“中国锦鲤”活动，就是联动营销的一种。

古人将学子高中状元称作“鲤鱼跳龙门”。鲤鱼在国人心中本就是喜庆吉祥之物，而身披红金鱼鳞的锦鲤更受人们喜爱，因为红色也是喜庆之色。于是，在中国文化中，很多建筑、服饰上都有锦鲤的图案。

互联网出现以后，人们开始将锦鲤运用到网络上。一开始，网友们只是通过锦鲤来分享自己祈求的事，希望能心想事成，这无非是网络上一种蹭热度、博眼球和宣泄情绪的方式。但自从支付宝推出“中国锦鲤”活动以来，锦鲤便和商家的品牌联动营销结合起来，迅速火遍大江南北。

支付宝曾在没有做任何线上线下预热的情况下，“冷启动”了一次“中国锦鲤”活动。支付宝在自己的微博平台中写道：“【祝你成为中国锦鲤】十一出境游的“盆友”，请留意支付宝付款页面，可能一不小心就会被免单。这是我们感谢大家把支付宝带向全球的一点小心意。没出去浪的朋友更要注意了！！转发本条微博，我会在10月7日抽出1位集全球独宠于一身的中国锦鲤。怎么宠你？请看评论区。”

而这条微博的评论区，是来自于全球各大商家的超长的礼品清单。这份清单实在是够长，网民需要足足五分钟时间才能将其看完，奖品包括免费双人往返的泰国、美国、非洲、北美机票，免费坐歌诗达邮轮去日本7天6晚，并且是双人阳台房的免单……诱惑之极。

支付宝的“中国锦鲤”很快激起了网民的极大热情，并且只需要动动手指进行转发就有机会成为“中国锦鲤”，这就为网友刷屏打下了一个广泛的营销基础。我们看一下这条微博转发的速度。支付宝发布这条微博仅仅6小时后，其转发量就突破了100万，多么惊人！

不仅如此，在支付宝推出这条微博的几小时内，各大商家也似乎嗅到了营销商机，不断追加奖品，为这次“中国锦鲤”活动的奖品清单加码，例如三星就在微博评论中写道：“你好，中国锦鲤！三星盖乐世为中国锦鲤送出三星Galaxy A9 Star极夜黑手机一部！买三星，刷支付宝，享12期花呗分期免息。”大量商家的参与，就形成了品牌联动。

值得注意的是，这些商家的评论不是在一天之内陆续添加的，而是在不到一小时的时间内全部完成的。这样的品牌联动，自然引发了更好粉丝聚合效应，让“中国锦鲤”活动实现了多方位的传播和扩散，引发了各个领域网民的关注。

活动结束时，支付宝官方宣布“中国锦鲤”开奖，一位网民叫信小呆的幸运儿当选。信小呆是谁？之前没有人知道。但“中国锦鲤”结束后，她竟然一夜爆红，风头甚至盖过了许多当红明星。

因为“中国锦鲤”活动取得了巨大成功，“中国锦鲤”及其背后的品牌联动营销也就此成为一种新型营销模式。互联网经济从另一方面来说，也是一种注意力经济，“中国锦鲤”活动引发的公众高关注度，本身就意味着不菲的商业价值。

而对于支付宝而言，不仅得到了更多的线上流量和曝光度，也让影响力有了进一步的增长，同时也收获了更多的用户，增强了用户黏性。参与联动的商家也借助这个活动获取了流量，提升了曝光度。因此，“中国锦鲤”活动可以说是一个多方共赢的活动。

另外，“中国锦鲤”活动的背后，也反映出了网络生态和网络营销的新特点。网络生态方面，商家可以让信息通过社交平台的分发实现自我传播的迅速扩散；网络营销方面，借助热点，品牌联动开始成为一种必然趋势，毕竟，社会热点不仅能引发网民的普遍关注，也会给商家带来巨大的流量。

互动小测试：好奇心引发的全新营销模式

凡是微信用户、微博用户，相信没有谁没遇到过一些关于互动小测试的帖子。

这些小测试的玩法很简单，例如在微信中，只要用户通过扫描测试帖子的二维码并回答帖子中的问题后，系统就会自己生成一张测试结果图。如果测试结果是用户满意的，大多数用户就会把测试链接分享到微信朋友圈，并配上自己对测试结果的描述文字。

互动小测试之所以能激发用户转发、分享的欲望，很大程度上是因为用户受好奇心的驱使。毕竟任何人都很关心与自己相关的事情，而互动小测试正是基于这一点，为用户提供检测自己某些特征的机会，例如自己的性格特征、运势、事业发展等。用户受好奇心的驱使，纷纷点开链接进行测试，进而转发分享。

另外，网络上的互动小测试的形式都很新颖，结果也比较有趣，更重要的是玩法很简单，用户只需很短时间就可完成，并看到结果。

当然，互动小测试，尤其是跟商家营销沾边的，其测试结果基本都是正面的。即使偶尔有一些负面结果，商家也会通过巧妙的用词表达出来，这就很好地满足了用户的虚荣心。例如在一个互动测试中，一个问题是测试用户未来会开上什么车，如果测试结果是兰博基尼，用户必然很开心，会将测试结果分享至朋友圈进行炫耀。又如支付宝年度账单的测试，如果用户钱花得少了，结果是“崇尚自由 ”，钱花得多了，结果是“精致生活”，无论哪种结果都能激起用户的转发、分享。

通常，用户参与互动小测试时，都会觉得测试结果比较准，其实并非如此。用户容易受到两个心理效应的影响，即巴纳姆效应与波丽安娜效应。其中，巴纳姆效应是说每个人都愿意相信一个笼统的、一般性的人格描述，因此互动测试的结果并不具体，都较为笼统、空洞；波丽安娜效应则指人们往往对于别人对他们的正面描述表示认同。

正是基于互动小测试的特点，测试营销也成了商家做社交营销比较常见的一种手段。

每年 11 月的第 3 个星期四是世界哲学日。网易新闻就曾选择在这天推出了一份 H5 测试题，名为“测测你的哲学气质”。

这份测试题的形式和内容独具心裁，里面基本上是充满未来感的蒸汽波画风；而在问题的设置上，那些经典的哲学理论都被换成了通俗易懂的文字，并和网友的生活场景联系起来。测试结果则为网友的“真正的自我”做了一个解读。

因为这个测试能够让网友更个性化地展示自己，所以“测测你的哲学气质”很快就在朋友圈刷屏，网易新闻也取得了不错的营销效果。

这些年，互动小测试营销屡试不爽。当然，成功的前提还是需要商家对用户有一个精准的洞察，对人性有一个透彻的理解，对内容要有一个精准的把控。例如，想要表达的东西一定是与用户有关的，测试结果可以满足用户在社交平台上展示的欲望；要能帮助用户在社交平台上完成某种社交需求，比如可以给用户提供谈资、给予帮助、有趣好玩等。只要做足了这些功夫，互动小测试就具有病毒式传播的潜质。

一般来讲，互动小测试的制作成本非常低，无论是大公司还是小商家，都可以尝试。只要你用心设计，用户都很愿意为你的测试奉献转发量。

拼团模式：利用用户关系链进行裂变

拼团虽然是时下一种非常火的营销模式，但其实它早就已经有了雏形。当年的“千团大战”相信很多人都记忆犹新。2010 年，中国出现了 4000 多家团购网站，所谓的团购就是商家通过互联网聚集一些互不相识的消费者，根据薄利多销、量大价优的原理，给消费者提供低于零售价格的团购折扣和单独购买得不到的优质服务。

只不过，当时一些社交平台如微信等还没发展起来，许多团购网站的流量得不到保证，千团大战最终演变成了美团一家独大。

现在，遇上微信的大流量基底和强社交属性，拼团模式就好像庄稼遇到了甘露，迅速受到商家的追捧。其中最典型的莫过于拼多多了。

拼多多利用微信进行拼团形式的社交裂变，并且在腾讯资金和流量的双重支持下，仅用 5 年时间就在美国纳斯达克上市，其市值甚至超越了京东。

通常，拼团模式的营销要求参与的消费者要达到一定数量，然后消费者就可以用团购的价格购买商品。这对消费者来说，可以获得更大的议价空间；对商家而言，可以用让利的形式获得更多的用户。所以，这是一个消费者和商家双赢的模式。

具体的拼团方式可以根据使用条件和参与规则的差别，衍生出不同的模式。

一种是拼团享优惠。

连咖啡曾举办过这样一个活动。在连咖啡的销售页面，有一款标价为100元的咖啡。用户在看到该商品时，有两个付款选择，一个是100元，另一个是30元。如果用户选择支付30元，那他就需要在24小时内邀请4个好友进行购买，并且各自都支付30元，这样就可以成功拼团。如果超过24小时还没成团，则表示拼团失败，连咖啡会退还消费者支付的30元。

另外一种是拼团享免费，形式和拼团享优惠差不多。

再者就是拼团帮砍价。这种营销模式用得最娴熟的就是拼多多了。

同样以一款100元的商品为例，在拼多多上，用户可以邀请好友帮其砍价。如果在24小时内他成功邀请到一定数量的好友，就可以将商品的价格降低，甚至可以将商品的价格砍到0元。

还有拼团享打折活动，即用户邀请好友享折扣。例如邀请到3位好友享7折，邀请到5位好友享5折等。

随着社会的进步，拼团模式也衍生出了更多玩法，同时也成为商家的主流获客方式，甚至成了新的风口。

总的来说，团购是一种非常好的营销模式，几乎对任何产品都适用，也值得所有商家好好研究和利用。当然，团购也仅是一个工具而已，商家还是需要根据自身的产品特点进行设计，并进行合理的运营。尤其是拼团的定价策略，一定要根据投放预算、预估成单量、预估拉新人数、增长趋势等条件来综合制订。

第二章

活用社交平台，实现精准营销

社交营销一定要借助社交平台。令人欣喜的是，这些社交平台正在占据流量新高地，并且人们参与的热情也是空前高涨。社交平台不但有著名的“双微一抖”，还有用户细分化的豆瓣和知乎。这些社交平台几乎都处于流量上升期，或者是日活、月活增长期。作为商家，需要根据自己的实际情况，选好一个或几个社交平台，为自己的社交营销助力。

微信朋友圈：一个属于你自己的“鱼塘”

营销界有一个很著名的“鱼塘理论”，该理论将客户看成是一条条游动的鱼，而目标客户聚集的地方就是“鱼塘”。

微信朋友圈就是这么一个理想的“鱼塘”。俗话说“物以类聚，人以群分”，我们朋友圈中的好友，都是与我们有过接触或有共同兴趣的人，是通过一定的社交链条加入进来的。如果你是一个商家，必然可以通过微信朋友圈挖掘到目标客户。

做个假设，我们的朋友圈中有 20 个客户（实际上，很多商家朋友圈中的客户远不止于此），而这 20 个客户就相当于 20 个小鱼塘，因为每个客户都有他自己的朋友圈，如果我们将这些客户维护好了，这些客户就会转发我们的微信信息，从而吸引他们朋友圈中的人也成为我们的潜在“鱼群”。假如这群客户每个人能在朋友圈中吸引到 20 个人成为我们的客户，那我们的客户数量就是 $20\times20=400$。只要我们的营销做得好，就可以持续发展客户，$20\times20\times20\times20$……，这个结果是非常惊人的。

这就是微信朋友圈的力量。朋友圈里大多是熟人，和我们本身有着信任关系。对于社交营销来说，信任比黄金还要珍贵。对商家而言，无论是卖白菜还是卖珠宝，都需要和客户有一定的信任关系，如果没有信任，商家就无法持续地赢得忠诚的客户。朋友圈熟人网络中产生的信任要比其他社交平台稳固得多。商家通过朋友圈进行营销，实现裂变的可能也比在其他平台上进行营销要高。

在微信朋友圈这个“鱼塘”，营销的优势还远不止上述这些，还有以下几点。

精准性：我们在朋友圈发布信息，可以设置成部分人可见，或者部分人不可见，这就使得我们的信息能够精准送达目标用户，进而实现精准营销。这其实也是移动互联网“圈层”的一个表现。

私密性：一个人的微信朋友圈在整个微信用户群中相当于一个小单间，商家可以在其中静心营销，不用担心被圈层外的人窥探。

亲民性：在微信朋友圈进行营销的行业一般比较小众，比较适合中小商家，是一种比较亲民的营销。

在微信朋友圈进行营销，商家发送的信息务必真实，因为真实的信息才会有价值，也容易吸引用户；另外，商家的态度一定要真诚，真诚的推荐才会赢得用户的信赖，进而提高复购率。

当然，做微信朋友圈营销，用户关系的维护是重中之重。“鱼群”的不断积累，没有好的关系和一定的影响力是绝对达不到的。只有维护好了关系，你在用户心目中才有信任度。随着信任度的增加，你的商品信息的评论和转发才会增多。

另外，商家在做微信朋友圈营销时，也要做好售后安排。这样有利于商家搭建一个完善的售后服务体系，这对营销是有很大帮助的。

微信公众号：私域网络，高效传播

微信公众号分为服务号和订阅号，任何人都可以创建。无论是服务号还是订阅号，微信用户都可以对其进行关注。公众号发送的消息只显示小红点，用户可以选择点击阅读，也可以跳过不阅读。微信将阅读的主动权交给了用户，也是为了让公众号背后的商家能够充分尊重用户。

微信公众号实现了信息通知、用户连接和用户管理的功能。微信设置公众号的初衷，是为了让众多的企业、机构有一个平台可以与庞大的微信用户群体产生连接。在公众号中，商家可以与用户进行充分互动。

商家可以通过微信公众号主动向用户推送有价值、有趣的内容，或者是表达自己的观点，或者是策划一些活动，以便吸引用户关注。而用户则可以关注商家的公众号，阅读公众号信息，并在评论区进行评论，或是在朋友圈转发、分享。同时，商家也可以随时回复用户的评论。

微信公众号底部有一个自定义菜单，商家可以通过这个自定义菜单设置一级菜单和二级菜单。用户直接点击底部就可以看到商家在菜单中设置的内容。

自定义菜单可以帮助商家实现定制服务。例如一个生产定制手机的商家，就可以在自定义菜单中设置表单，用户通过这些表单来表达自己个性化的需求，这样一来，用户和商家之间就可以实现定制化手机订购的交易。

淘宝商家也可以通过微信公众号来改变与用户的沟通方式。用户只要在公众号中输入自己想要的商品的关键词，就能轻易地看到这款产品的介绍和订购页面。用户可以直接在微信公众号的对话框里向商家的客服咨询商品情况，还可以用语音进行交流。

商家也可以在微信公众号中设计一些调查问卷，再通过抽奖平台设置一些奖励，就可以吸引用户参与，以此了解用户的意见和观点，进而改进商品或服务。这比商家在线下一个一个地找消费者做调查方便多了。

微信公众号的这些定制化服务极大地满足了商家精准营销的需求。如果商家的公众号能被更多人关注，那商家就能通过对公众号的运营和用户的管理来达到营销目的。

商家必须要为用户提供有价值的内容，才能让用户关注你。用户是不会仅为了看笑话而关注商家的公众号的。吸引用户的关键不在于商家的大小，而在于其传递的信息是否有价值。即使用户只是一个月或者半年才看一次你公众号的内容，但只要你提供的内容非常有价值，用户就可能对你产生依赖。

因此，公众号内容的输出对商家而言至关重要。一些好玩、有趣又极符合用户口味的内容将非常受欢迎。

支付宝把自己的微信公众号下放给一个1987年出生的员工，让其全权负责公众号的运营。这和其他公司的微信公众号由新媒体团队全权负责，发布内容需要层层审核完全不同。结果，这位员工发布的内容极富个性化，风格非常随性，例如

“山无棱，天地合，都不许取关！”，很快就把支付宝的微信公众号捧成了网红公众号。

其实，商家也可以将微信公众号和朋友圈营销结合起来。无论是利用微信公众号还是在朋友圈中发送信息、策划活动，都可以帮助商家完成交易。有了微信，只要用户不取消关注公众号，商家就可以随时推送信息（包括促销信息）给用户，和用户保持联系，随时随地与用户进行沟通。微信为商家提供了一个有效的社交营销平台，它的生态系统是良性的，它简化了商家的销售流程，让商家可以专注于制作精品内容、进行技术创新和提供精准的服务。

微商城开发：以商会友

随着社交媒体的流行，微信营销已经成为社交营销重要的组成部分，微信的商业价值也逐渐被商家挖掘出来。微信上线之初，或许只被作为一个信息传播渠道，但随着微信支付功能的完善，人们通过微信完成交易已成事实，因此以微商为代表的第一批社交电商开始兴起。随后，因为微商的野蛮生长，以及微信政策的不断完善，个人做微商变得越发困难，通过微商城来做社交电商则变得流行起来。

微商城，又叫微信商城，简单说就是在微信公众号里接入一个网站，这个网站可以满足用户购物的需求。

微商城不是免费的，因为它接入的是微信公众号，商家在申请并开通后，还需要向后台缴纳 300 元认证费。另外，微信并不负责微商城的创建，商家要开发微商城还需要找第三方建站公司进行制作。不过，现在市场上有很多第三方微商城开发商，这一点并不难实现。

微商城的运营，从形式上看属于“店商 + 电商”的 O2O 购物模式，集实体店的体验和电商的便捷于一身。很多传统连锁企业也把线下连锁店搬到线上，在微商城里添加多家分店，实现一个分店对应一个实体店的连接。只要有客户进入总店后，系统就能自动获取顾客的准确位置，给客户推荐离其最近的分店，客户下单后可选快递送货或自提。这种线下体验、线上交易的闭环式销售，实现了用户的广泛覆盖。

客户通过微商城可以对心仪的商品进行查询、选购、体验、订购与支付，实现一站式服务。

综合起来，微商城具有四大传播特点和五大竞争优势。

1. 四大传播特点

第一，微商城是一个功能特别全面的平台，包括广告播放、商品展示、会员管理、交易管理等可以同台完成，而且微商城中吃、喝、玩、乐、衣、食、住、行等各种生活服务无所不包，一应俱全。微商城能为商家提供全面的展示平台，为客户提供便利快捷的购物天地。它与用户实现零距离接触，进而覆盖所有消费群体。

第二，微商城既是一个独立的服务平台，又可以与手机网站完全连接，商家可以把购物信息、消费娱乐、交流互动、在线交易等集中在客户的智能手机之中。

第三，微信公众平台。互联网营销之所以能够颠覆传统的营销渠道，主要就是因为微博、微信拥有庞大的客户资源及廉价、精准、高效的成本投入和广告效果。

第四，时尚、动感的框架视屏广告联动平台，是目前较为流行的宣传媒体之一。而微商城与其他平台不一样的是，以加盟商的店面为平台，广告内容以宣传他们的产品或服务为主，与各个行业的广告一起播放，避免同行业间相互打架的局面。框架视屏广告联动平台与微商城广告平台互为鱼水，达到了一劳永逸、相互衔接促进的广告效应。

2. 五大竞争优势

第一，覆盖面广阔。无论是线上还是线下，各种途径相互渗透，这些都是传统媒体望尘莫及的。

第二，效果理想。潜在客户精准、反馈速度快捷、与客户的互动性强、客户及准客户群体庞大。

第三，成本低廉。传统商家投放广告也许需要 100 万元，但在这里投广告，1 万元就可以达到 100 万元的效果。

第四，功能强大。不管是广告展示、在线消费，还是自动定位、自动搜索，或是在线互动、在线娱乐，这里无所不包、无所不有。

第五，超尖端、时尚。3D 虚拟购物中心能 360 度全方位展示厂家商品，可以给客户创造出一种身临其境的购物体验。

正如上面介绍，微商城就是一个以商会友的绝佳平台。实际上，从微信朋友圈到微信公众号再到微商城，微信几乎成了一款在营销界无所不能的软件。

微博：深挖粉丝经济的潜力

我们可以将微博看成一个利用关注机制分享简短内容的广播式的社交网络平台。其中，关注机制指一个人想在自己的微博首页上看到某人发布的帖子，那么可以直接关注他；分享简短内容指微博的信息都比较短，其帖子本身、别人的评论和回复的内容都不能超过 140 个字；广播式则指用户发布的微博是公开的方式，所有人皆可见。

基于这些特点，微博逐渐成为移动互联网时代粉丝经济的代表。玩过微博的网友基本上都知道，那些明星、名人、著名企业家，他们在微博上坐拥百万甚至千万粉丝，也就是我们俗称的“大 V”。他们可以在微博上“呼风唤雨”，只要发布任何帖子，都会被网友疯狂转发，他们推荐的东西也非常容易受到网友的关注和喜爱。

不光是明星、名人，一些能制造话题的草根网红也能够成为微博“大 V”。

网红雪梨，以前不过是一个平平淡淡的大学生。毕业以后，她和人合伙开了一个淘宝店。为了争取流量，她一度尝试过美丽说、蘑菇街这些论坛。后来微博出现以后，她发现微博和论坛相比，具有更强的社交属性，而且容易把用户、粉丝沉淀下来。于是，她开始将更多精力投入到微博中，最初是给粉丝们分享自己的旅行经历和穿搭心得，用这种方式来和粉丝建立联系。后来，她才慢慢渗透进自己店铺的广告，经过努力，她微博的粉丝很快就突破了60万。

看到微博粉丝经济潜力的雪梨，开始和微博签订合同，形成一种战略合作伙伴关系。现在，雪梨钱夫人淘宝店，粉丝已达到800多万，年销售额过亿。

雪梨就这样利用微博营销实现了销售奇迹，因此，微博是社交媒体中一个最能深挖粉丝经济潜力的平台。新浪微博还专门成立了网红电商平台，这就让微博实现了内容生产、销售、变现等产业链的闭环。商家在微博上制造话题，吸引粉丝，以此将流量导入自己店铺，再通过交易变现。

微博推出的电商平台，针对不同的电商设置了战略、合作、伙伴三种合作模式，并分别提供相应的运营支持。这些运营支持包括运营服务和提供推广渠道。

微博的确有魅力，但微博营销必须从大局考虑。在这个社交时代，粉丝正在从原来的被动接受者转变为掌握传播主导权的参与者，这就使得商家必须提升自己的服务意识和用户体验感，以激活自己的粉丝。例如互联网品牌“极路由”通过微博私信给粉丝提供售后对接，实时为粉丝服务，让粉丝感到非常贴心。

在内容上，熟练运营一些话题可以为商家带来大量活跃粉丝。例如每到春节期间，有很多商家参与到微博的“让红包飞”活动中来，用奖品来激励粉丝的参与，这不仅为其带来了大量活跃粉丝，还实现了品牌的广泛传播。

对于商家而言，有了足够规模的粉丝，社交营销也就水到渠成了。正如新浪微博 CEO 王高飞说的那样："拥有一定数量的活跃粉丝后，商家就可以选择用合理的方式对粉丝形成刺激，实现社会化资产的变现。为了回馈粉丝，商家可以打造属于粉丝的独家产品，并以预约、抢购等形式增加专属活动的参与感；借助话题、微博支付等产品功能，商家可以基于微博打造 O2O 闭环，为粉丝带来全新的消费体验。"

QQ 社群：每一个 QQ 社群都是一个社交圈子

QQ 是腾讯公司最早的社交产品。1999 年 2 月，腾讯仿照以色列的 ICQ 研发出第一个“中国风味”的 ICQ，即 OICQ，也就是后来的 QQ。这款软件一经推出，就受到广大用户的欢迎，注册用户持续增长，短时间内就增长到几万人。

后来，经过多年发展，QQ 才得以从最初的聊天娱乐功能发展到今天的多功能，成为人们社交娱乐必备的工具。时至今日，QQ 的注册用户早已突破了 10 亿， 同时在线的人数更是接近 2 亿，这样的成绩无疑是惊人的。

有了微信以后，腾讯又有意将 QQ 和微信进行区分，这主要体现在 QQ 主要是围绕 10~29 岁的年轻人来打造。很多成年用户已经形成了自己的人脉圈，而微信是熟人网络，更受成年人喜欢；而年轻人还没有形成自己的人脉圈，有结识新朋友的需求，于是 QQ 就成了他们理想的社交平台。当然，QQ 也不完全是年轻人的天下，很多中老年人也仍然喜欢用 QQ。

基于 QQ 建立社群，也成为人们建立社交圈子的一种途径。当然，QQ 社群的用户也主要是 10~29 岁的年轻人。晚上 9 点左右，是 QQ 社群信息发送量的高峰。这个时间段正是年轻人最活跃的时候。

QQ 社群是基于主题进行创建的，例如“XX 行业信息交流”“XX 市吃喝玩乐”，主题特征非常明显。QQ 社群可让用户开设多个小窗进行定点交流，这有助于多人在线进行特定主题的互动。同时，QQ 社群会加入通信录，人们在 QQ 的消息界面中可以快速找到相应的群，并进行实时沟通。而微信群则不加入通信录，如果没有用户发言，这个群就会自然下沉到底部，不再出现。有很多微信群都是因为一时交流的需要而组建，交流完毕，如果用户觉得没有保存的价值就会将其解散。因此，从这一点上来说，在 QQ 社群做在线分享和主题讨论的效果优于微信社群。

人们加入 QQ 社群，有被动式和主动式两种。主动式，即用户通过群搜索功能找到相应的群；被动式，一般是用户受到朋友的邀请，或是突然接到一个消息之后，加入一个社群中。

手机 QQ 社群拥有地理位置定位功能。这项特征可以方便用户搜索基于某一特定地理区域组建的 QQ 社群。例如用户搜索附近的群，就可以加入本地一些自己感兴趣的社群。这一功能为 QQ 社群提供了丰富的使用场景。而实际上，本地群也是 QQ 社群中增长最显著的群。有数据显示，活跃的本地 QQ 社群的数量年增长率甚至达到了 366%。

QQ 社群的创建者一般就是一个群的中心，作为群主，他有着相当多的特权，例如可以任命管理员，可以将不受欢迎的人“踢”出群等等。另外，QQ 社群的容量一般可以达到 500 人，有的大群，容量甚至可以达到 2000 人，规模化特征比较明显。

综上所述，QQ 社群有着自己独特的社交特征，每一个社群就好比一个主题鲜明的社交圈。基于 QQ 社群的互动、问答和评论，商家很容易让用户建立起对自己商品或服务的动态评估，让用户产生消费黏性，同时为自己积累商业信誉。据统计，有近 1/5 的社群用户在社群中有过消费行为。从 QQ 庞大的用户数量来看，QQ 社群营销的用户基数和商业潜质是不可估量的。

抖音：不一样的短视频“烟火”

移动互联网营销界曾有一种说法：“2011 年错过微博，2013 年错过微信，现在，我们不能再错过抖音。”

抖音是一款可以拍摄短视频的社交软件，于 2016 年 9 月上线。自上线以来，抖音就火得一塌糊涂。有数据显示，在 2020 年，抖音的用户已经超过 8 亿，其中 76% 的用户是年轻人，又有 57% 的用户是女性。

现在，很多人已经成了不折不扣的“抖音患者”，不少经典的抖音金句不时在人们耳边回响。有的人每天不刷上几遍抖音，就会觉得生活中缺少了什么。在 2020 年，抖音的日活跃用户突破 6 亿，日均视频搜索次数突破 4 亿。

抖音为什么火，又为什么能在众多短视频平台中脱颖而出？这主要基于以下几点：

1.15 秒短视频

抖音的短视频确实够短，一条短视频的时长通常是 15 秒，在这么短的时间内展示出富含文案、视觉、音效、动态等多重刺激的短视频内容，确实很容易刺激用户感官，引发用户的情绪共鸣。

2. 录制难度低

抖音的短视频录制起来并不难，它拥有简单的切镜头、特效和滤镜功能，不仅降低了录制难度，而且增加了短视频的可观赏性，让短视频更富有节奏感。

3. 即时感强

抖音的短视频有很多都像是用户临时起意拍摄的，给人很强的即时感，让用户感觉非常真实。

综合以上特征，抖音成为不一样的短视频“烟火”就不足为怪了，加上它的社交特征，如果商家有好产品或好服务，拿出一些时间为自己拍摄一些短视频放在抖音上，就等于给自己的商品拓展了一个曝光渠道，除了可以吸引大量粉丝外，还能实现令人惊讶的商业变现。

> 前面提到过的美妆博主李佳琦，利用抖音进行直播，其化妆品的销量甚至比天猫、淘宝还要高；
>
> 一名叫“办公室小野”的抖音用户，以前是一名普普通通的上班族，后来接触了抖音，仅发布了3条短视频，播放量就超过了1500万。10个月以后，她又成为火遍全网的美食视频博主，身家过亿；
>
> 还有人在抖音上卖衣服，1小时就能卖出50万元……

无数例子证明了抖音营销的潜力。实际上，不仅草根、中小商家，一些知名企业也纷纷入驻抖音，例如奥迪、小米等都开通了自己的抖音官方账号，以蓝V账号（商家用营业执照认证的抖音官方账号）进行品牌推广。

抖音蓝V目前已成为企业品牌进行短视频内容生产，实现和用户沟通，促进销售转化的新方式。抖音平台也在不断加强蓝V的运营，为企业构建起一个比较完善的营销体系。例如POI（信息点）功能，抖音通过 LBS（Location Based Services）定位技术，可以让商家在其发布的视频中定位其线下门店的地理位置，增加线下门店的获客数量。再如快闪店功能，用户可以在上面查看商家的产品详情，链接视频体验，还可以直接预约、购买产品，极大地减少了用户从发现商品到购买商品的流失率。

百度贴吧：因兴趣而聚的互联网“部落”

百度贴吧是百度旗下的一个独立品牌，号称全球最大的中文社区。它上线于 2003 年 12 月，是百度结合搜索引擎建立的一个在线交流平台，其初衷是让志同道合的人相聚在一起。在百度贴吧中，那些有着共同爱好的人，可以就共同的话题深入交流和讨论。可以说，百度贴吧是一个因兴趣而聚的互联网“部落”。

目前，百度贴吧主题已涵盖了娱乐、小说、游戏、教育、地区、生活等各个领域，贴吧数量超过 2280 万个。

从营销上来看，因为百度贴吧的各个吧都是基于兴趣建立起来的，所以吧友们有着广泛的参与热情，也有很强的互动性。尤其是在百度贴吧推出用户平台以后，商家不但与用户达成了深度的交互连接，也让商家和用户之间形成了比较顺畅的沟通渠道。

华为荣耀 3C 电信版手机曾在华为荣耀百度贴吧展开 5 天预约活动，结果大大超出人们的意料，5 天时间内竟获得超过 509 万人的预约。之后，华为荣耀手机在华为商城、天猫华为旗舰店针对预约用户进行首销，仅仅用时 1 秒钟，华为荣耀 3C 电信版手机便宣告售罄。之后，华为荣耀又有过多轮销售，每次都是迅速售罄。

这是一个应用百度贴吧成功营销的典型案例。虽然相比于微信、微博、抖音，百度贴吧的名气似乎还不够大，但它从创立至今，已经发展了近 20 年，却始终屹立不倒，自有其深层原因。

相较其他社交平台而言，百度贴吧的用户基本上都是年轻、个性、新潮的 90 后或者 00 后。他们特立独行，喜欢标新立异，不愿意追随主流文化。针对这些特点，商家把一些极具个性的产品放在百度贴吧进行推广，就很容易引起他们的共鸣。就像华为荣耀 3C 电信版手机，它的整体机身厚度只有 7.8mm，是当时千元智能机中机身最薄的一款，而且它的窄瘦边沿弧线、切面设计、背壳水平面设计、喷涂工艺都极具个性，正是这些个性化元素使它赢得了贴吧用户的深度共鸣，促成了营销的成功。

再者，百度贴吧是以兴趣为中心的，商家和用户有着深层交互的基因，双方可以对商品和服务进行更深入的探讨，品牌的营销行为也较容易触动用户，快速地触及、转化和扩展自己的粉丝群体。

从营销层面看，微博有点像商家的公告牌，商家发声之后，信息便被用户迅速扩散和传播。但微博也有个缺点：微博中的信息话语权都掌握在大 V 手中，普通人不大可能通过其成功发声。微信则有点像商家进行的记者招待会，用户可以向商家提出问题，商家也可以即时回答用户问题，但这种交互关系还不够深入。这样看来，百度贴吧便成了双微之外的营销“第三极”，因为它能对用户做深度的情感培育，恰好弥补了双微的一些缺陷。

豆瓣：文艺青年聚集地

豆瓣网创立于 2005 年 6 月，是一个社区网站，主要为用户提供关于书籍、电影、音乐等方面的信息，核心用户是具有良好教育背景的都市青年。我们可以将豆瓣看成一个文艺青年的网络聚集地。

豆瓣网中有很多兴趣小组，各兴趣小组的内容完全由用户自行生产。例如网民主动分享自己读过的书、看过的电影、听过的音乐。这些内容有很多基础节点，通过豆瓣网站技术系统提供的相应功能，像条目、标签等，产生各种联系，从而形成内容的网络链接。

网民可以通过点击、评价或参与豆瓣网的投票机制，使网站内容的排列产生变化，也使更多的内容产生了联系。豆瓣的这种内容形成机制，也让豆瓣网上的人与人之间产生了连接。豆瓣是一种网状的社区组织，用户并不固定在某一个兴趣小组中，而是可以从自己的兴趣出发，多线编织自己的人际网络。这就让豆瓣用户的丰富性和多样性可以通过其参与的小组体现出来，而其人际关系的扩展，也可以通过这种方法进行展现。

豆瓣网及其 APP 很受一些文艺青年的喜爱。有数据显示，从社交 APP 用户月度使用总时长来看，豆瓣排名第四，足见喜爱豆瓣的用户还是非常喜欢沉浸于豆瓣中的。

也许豆瓣的起点并不是营销，但实际上，豆瓣在无形中也成了商家的营销平台。

首先，豆瓣网中集合了太多的行业精英、意见领袖，由他们来策划活动，能引起很多追随者的参与和媒体曝光。如果商家选择与他们进行合作，品牌的影响力会进一步得到加强。

其次，豆瓣用户关注品牌、关注流行，并且互相影响，因此一些新兴品牌适合在此进行推广，尤其是一些涉及生活新方式的产品。豆瓣用户的受教育程度高，崇尚时尚、个性的生活方式，这类产品在豆瓣做推广，极易引起共鸣。

再者，豆瓣用户的购买力很可观。据统计，豆瓣用户主要是 80 后、90 后，多为各个行业的高级白领、高校学生和自由职业者。这显然是一群购买力很高的客户群体，一切涉及衣、食、住、行的新产品或服务都可以在豆瓣做推广。

例如，曾经火爆全网的“全民戏搞凡客体”活动，就是在豆瓣上策划的，而这个活动一夜之间就被推到了首页，参与人数过万。有些商家就借助这一热点事件为品牌做了很好的推广。

还有《查令十字街 84 号》这本书在中国上市后，该书译者就在豆瓣上和网民们频繁互动，并把自己的其他译作拿出来和网民分享，促进了自己作品的广泛传播。有中国香港、中国台湾用户因此活跃起来以后，豆瓣又为港台地区的用户提供个性化服务，使《查令十字街 84 号》在港台地区新增了很多购买者。

综合来看，兴趣互动、用户精准堪称是豆瓣营销的两大利器。豆瓣基于网民共同爱好建立起的社交关系，增强了用户的信任感。有调查显示，比起亲戚、朋友的推荐，大部分豆瓣网友更相信“豆友”的推荐，因为他们认为这些“豆友”和他们兴趣相同，更值得信赖。而且，豆瓣社区平和、开放的理念，使接受或拒绝“豆友”的推荐都不会给网民带来压力。商家在此做品牌推广、宣传，既轻松又有效。

知乎：高质量的问答社区

知乎是我国近年来火起来的一个网络社区，于2010年12月上线。在知乎这个社交平台，聚集了很多各行各业的精英，他们分享着彼此的专业知识和经验，为互联网提供了源源不断的高质量信息。玩过知乎的人基本上都知道，知乎用户发表的内容，以及对问题的解答，既真实又实用。

知乎上，网民提出问题，系统就会将你的问题推送给用户，由用户解答。用户的解答可以是匿名的，也可以显示名字。无论是提问者，还是答题者，都能无所顾忌地抒发自己的感慨，因此这些文章通常都很吸引人。

作为一个高质量的问答社区，知乎营销也和其他社交平台有着很大差别，因为它主打的是“知识营销”，其核心商业价值是“可信赖的广告”——在这个信息泛滥的时代，一些以知识为内容核心的营销更容易被人们接受和信任。

一方面，知乎可以通过自己的内容，把和商家品牌相关的知识、经验、见解等传递给用户，让用户逐渐形成对品牌的认知，形成良好的信用背书。有数据显示，现在知乎内的问题和回答沉淀了众多品牌的优质知识内容，覆盖了用户多个维度的需求。

另一方面，因为知乎用户之间信用程度高，这就有助于一些优质内容再形成长尾效应。那些好的内容极易被用户关注、回答、收藏或分享。现在，我们在微信朋友圈中不时看到一些用户分享的知乎信息就是一个例证。

因此，商家们可以将一些知识话题发布在知乎上，只要有料、有趣，就有可能引发知乎用户的广泛关注，进而实力圈粉。

英菲尼迪就曾借助知乎平台达成了改变用户固有认知，提升品牌专业性能的营销目的。

当时，英菲尼迪选择了从最纯粹的技术为切入点，邀请各路专家大神分享了一个干货江满满的拆车直播。用户看完后，不由得对英菲尼迪新车的极客范有了一个全新的认知。同时，英菲尼迪也吸引子大量知乎上的优秀问答者，相关文章也被大量阅读和转发。在后来的 3 个月中，英菲尼迪总共收获了这次营销带来的 2 亿 + 的曝光量。

这便是知乎知识营销的价值，它以知识为切入点，用知识来连接商家和用户。知乎认为，真正有价值的信息在这个时代是非常稀缺的，高质量的知识内容必然会带来认知信用，产生强链接和强影响力，进而产生巨大的商业价值。

第三章

社交营销的黄金法则

社交营销有其通用的黄金法则。只要做社交营销，我们就必须要遵守这些法则。它们是基本，是准绳，是我们做好社交营销的不变定律。

数据才是你的资产

传统的商业生产是从工业革命开始的，机械生产工具驱动厂商进行投资，形成技术专利和地域的垄断竞争力，为用户提供实物商品。在那个时代，商家与用户之间的所有交易行为都在实际场景中产生。

移动互联网及大数据时代的到来改变了这一境况。现在，人们已经可以通过云制造，通过移动终端进行消费。数据所代表的消费者成为商家的核心竞争力之一。人们看待数据的方式，已经不再是传统的字节，而是真实存在的消费者。数据，有其动机、角色、行动和需求。

这个时代，每个人的行为都可以用数据呈现出来，甚至被可视化。商家如果能对这些数据进行整合，做出用户需求预测，必然会为自己的商业决策和基准营销提供依据。当下，数据已经成为商家最重要的资产，掌握了数据，就能精准进行社交营销。

1. 自动为商家更新客户关系

传统商家基本都是通过管理客户的联系方式、订单信息和背景资料来进行营销的。这些资料都是死的，一旦客户信息发生变化，商家就需要再次采集，因此，这种方式是一种单边互动，效果并不理想。

在微信、微博等社交平台上，用户信息是不断更新的，是动态的。在社交平台上采集数据，可以让商家实时掌握客户信息，有利于商家对客户的培养和维护。

2. 帮助商家实现精准管理

通过和用户的互动采集来的数据信息，帮助商家更好地对用户进行分组，可以将客户按爱好、兴趣、需求等特征进行分类，而采集这些隐性的客户特征在以前的商业时代是无法实现的。有了客户的精准分类，商家就能为相应客户提供更精准的服务和推出更符合他们需求的产品。

3. 用局域用户拓展广域市场

通过社交平台，商家在与用户的互动中，可以分析出一些自己还没涉足的地区用户的特征，从而为自己开拓更广阔的市场提供条件。

这一点上，良品铺子就做得很好。以前，良品铺子在沿海省份的门店很少，因为没有那个地方的客户数据，所以不敢贸然开店。后来，通过社交平台，良品铺子将内陆省份的一些用户导入线上，而这些用户又通过社交关系链引入了一些沿海地区的用户。良品铺子在与这些沿海省份用户的交流中，采集到其需求数据，从而发现了更多的新兴市场，使良品铺子在沿海省份的开店计划得以顺利进行。

4. 做出有效的商业决策

有了准确的用户数据以后，商家就可以对这些数据进行分析，从而为自己未来的商业行为提供参考。

数据对所有社交营销的商家而言都是非常重要的。可以说，在现在这个移动互联网时代，数据已经成了商家生存的根本。如果一个商家不懂得运用数据，不懂得其中的运作原理，就必然会停滞不前，处处受制于人，失去立足之地。

有情怀，才有人追随

在各个社交平台，有一个明显的现象，那就是推销之风愈演愈烈。然而，并不是所有的推销都能受到用户的欢迎，一些简单粗暴的推销恐怕让用户屏蔽都来不及，更遑论产生交易了。

这些“暴力”社交营销背后的商家显然不懂得社交营销的精髓，满以为只要在朋友圈发布一些商品信息，就会有人关注，也会有人愿意买单。殊不知，即便像微信营销这样的熟人营销，如果商家在营销时不考虑别人的感受和需求，自顾自地发布内容信息，只会引起用户的反感。用户会认为这种行为与在街头乱贴小广告没有任何区别。

“暴力”推销折射出的是营销人员心智的不成熟。其实，做社交营销，最重要的一点就是营销人员必须要有情怀。

小李是某食品公司的员工，他每次接到老板的月饼推销任务后，都不像其他员工一样只做“搬运工”，将商品信息简单地复制粘贴了事；而是先研究商品，找到商品的特性，并且自己撰写文案。小李每次在社交平台发布的产品推荐语都不长，但每个推荐语都很让人感动，原因是他每次都会写下一个有关月饼记忆的小故事。这个故事贴近生活，容易激起用户共鸣，突出怀旧氛围，为营销增添了很多温情。因此，每次小李的月饼销售额都远远超过其他员工。

这就是有情怀的营销。社交中，我们营销的对象是有情感的人，情怀营销就是通过牵动人们内心的情怀来进行营销。

由于人类的某种群体属性，人们更喜欢接受与自己情感属性相近的商品或服务。商家之所以要有情怀，是因为如果不能在情感层面与潜在消费者产生共鸣，就不会有追随的粉丝。

有情怀，即要求商家在发布信息时，体现出品牌背后最深处想要表达的内容，用这样的内容与用户产生心灵上的共鸣。商家不要一上来就诉说自己的商品哪里好、比谁强，用户不喜欢这种直白粗暴的推介。我们要述说品牌与生活，与人性，与消费者记忆、喜好的交集，这样的营销才是消费者喜欢的营销。

虽然微博红人陈安妮在微博上营销的目的是推荐自己的快看漫画，但她在微博上发布的帖子却是《对不起，我只过1%的生活》，用漫画的形式展现出了自己的奋斗故事和创业梦想，这就让很多用户感觉符合自己的理想。因此，这篇文章在微博上引发了巨大反响，被转发38万次，点赞31万次，并且从微博传播到了微信朋友圈。她在文章最后推出的快看漫画APP下载链接，也获得了30万次的下载量。而且每次下载，用户都需要付3元推广费，陈安妮仅推广费就收入了90万元，更不用说她还因此收获了大量粉丝，同时也为快看漫画这个品牌积累了更多的知名度。

所以，我们在社交平台上创作的内容都需要有一定的情怀，要将饱满的情感、理想等尽情展示出来，不矫揉造作，接地气，并在这个过程中巧妙地展示你的情怀和你的产品之间的相关联系，让用户逐渐因为情怀向你靠拢，成为你的粉丝。有了粉丝，营销就已经成功了一半。

做好内容就是活广告

在这个时代，传统的广告市场正在逐渐萎缩。拿电视广告来说，现在的主流消费人群基本不再正儿八经地每天守在电视机前，收看各个电视频道，他们想看什么电视剧，什么综艺，都是直接在电脑端或手机端上看，这样就绕过了电视广告。所以，近年来，电视广告的受众越来越少，同时电视台的广告收入也远不如其黄金时期。不仅电视广告，广告牌、发传单等传统宣传方式也无不呈现衰落之势。

显而易见，消费者已不再关注电视、广告牌、传单等传统宣传媒介，他们的注意力已经全面转向微博、微信、抖音等社交平台。那我们在微博、微信、抖音等社交平台上发广告又是否稳赚不赔呢?

答案还是否定的。

现在，不仅广告形式发生了变化，消费者的购物需求也发生了变化。对现在的大多数消费者而言，商品不再是必须的、必要的，而是更多地从想不想买这种心理决定需求的。

很多人喜欢跑步，在他们看来，也许跑步并不是为了锻炼，而是觉得跑步是一件很时尚、有格调的事情，可以为自己贴上一个热爱运动的标签。

又比如，很多人看电影，其背后的动因可能是为了情感修复；他们去旅行，其背后的动因或许是为了一种心灵补偿；他们在微信上发布信息，本质上可能是为了炫耀。

所以，消费者对商品的需求心理意义远大于实际意义，他们希望商家售卖的东西能带给自己一种心理满足感。这样，如果我们在微信、微博、抖音上“赤裸裸地”打广告，宣传自己的商品，消费者很有可能不会接受。

所以，商家最好的方式就是做内容营销，通过内容给消费者提供心理满足感。实际上，微信、微博、抖音用户每天刷着手机，也决不希望只看到广告，而是希望看到有趣、有料的内容。

如此一来，做好内容就成了社交营销的关键。商家与其费尽心思用广告吸引用户，不如以用户为桥梁，策划好自己要向用户传达的内容信息。

做内容的方式有很多，图文、视频、漫画都可以。做内容的形式也有很多，策划活动、讲故事、诉说理想，或者策划一些能让用户深度参与的内容。不过无论用哪一种方式，都要让用户觉得贴近自己的心理需求。

可口可乐曾经在社交平台上推出了一个“私人昵称定制瓶”的活动，用户可以在可口可乐的瓶子上刻上自己的名字和“高富帅”“白富美”等标签。此活动全面满足了用户的炫耀心理，促使用户非常积极地分享和转发，也让可口可乐的品牌获得了很好的传播。

为此，我们可以在自己发布的内容中不起眼的角落贴上商品标签。

当然，不要认为这样做用户看不到或者视而不见，只要我们的内容足够吸引人，内容中的品牌元素就一定能被用户发现。

例如一个在微信上卖食品的人，她每天在朋友圈发6条左右的信息，最多也不超过10条。每条信息基本不超过30个字，配的图都是自己拍的图片，而且都是小清新范儿，一点也没有广告气息。但是她说“早餐：煎饺、玉米、蔬菜汤”时，除了让人感觉到她的时尚、精致外，配图中有个不明显的角落，却露出了煎饺的牌子，正是这个牌子，引来很多人的咨询；她说“鸡蛋20枚15元时”，配图却很高端，潜藏的意思是市面上的20枚高端鸡蛋绝对不能花15元买到，而用户找我就对了。这样就刺激了用户的咨询和购买欲。

当粉丝对商品有一定了解的时候，我们也要不断制造话题，持续为用户带来新鲜感，让用户玩起来，或是让用户深度参与，都是留住用户，吸引用户的手段。

商家在做内容时，还要赋予用户一种强烈的身份标签，同时让用户有社群归属感。这样用户在购买商品时，才会有情绪共鸣，并且会主动帮你传播。

总之，做内容其实就是做广告，我们做社交营销，就一定要知道这个道理。

做体验就是做差异化

相信不少商家都有这样的经历：当被别人问起他的商品与别人的商品有什么不同时，他能滔滔不绝、口若悬河地说上一大通，可是说完以后，别人根本就没记住，也没有印象，因为用户完全没有体验到商家说的那些差异——没有体验是不会产生深刻印象的。

再者，用户之所以选择购买我们的商品，是因为我们的商品能满足他们的某种需求。既然用户想要某种商品，那么面对众多的品牌，会怎么选择呢？通常的答案是，在用户的心理价位区间的产品中，用户体验越好的，购买倾向就会越强。

体验是用户对一款商品最直观的感觉。同一类型的商品，用户在体验中，就会在心中做出区分，他们不在乎商家说的这款商品赢得了多少专利和奖项，他们只关注这款商品是不是适合自己，是不是符合自己的需求。

对于社交营销来说，用户体验更为重要，甚至可以说用户体验才是社交营销最核心的竞争力，因为用户体验不仅关系到用户会不会购买我们的商品，还关系到用户的留存、复购和裂变。

第一，我们要做好触点体验。所谓触点体验，就是保证我们在与用户接触的每一个点上，都能让用户感觉无限美好。

相信很多人都有这样一种经历。当你兴冲冲地去商店购买某种商品时，到店后却因为销售员的态度、商品的摆放、商店环境的脏乱而令购买兴致大打折扣，甚至放弃购买。这便是我们产生了不好的触点体验。

社交营销中，商家与消费者的接触是多方面的，不仅有线上的交流，也有线下的商品交付，无论哪一个方面，商家都要做好把控，确保每一个触点都能给用户带来美好的感受。

第二，提升用户的参与度。现在那些做得比较好的企业，都很注重用户的参与。

> 小米很多产品的开发中都有用户的影子。小米曾经成立了一个荣誉开发组，简称“荣组儿”。“荣组儿”的成员都是忠诚的“米粉”。他们的任务就是对产品进行内测。成员们可以提前试用未公布的开发版手机，然后对新系统进行评价，鉴别新版本的优劣，甚至有权力对新款手机说“NO”。如果“荣组儿”如此判定新版本时，小米的工程师们就会非常紧张，必定会绞尽脑汁解决问题。

站在用户的角度来讲，如果他们真正参与了一个商品的设计、生产等环节，那他们也必定非常愿意购买这个商品。

第三，提高用户的满意度。让用户满意，是提高用户体验的最直接的方法，毕竟没有哪一个消费者会拒绝商家提供的既细致又周到的服务。所以，在社交沟通中，对用户提出的每一个问题，每一个反馈，商家都要引起足够的重视，并及时、详细地进行解答，以此从各个方面提高用户的满意度。

做体验就是做差异，商家如果能够做好用户体验，就等于俘获了用户的心，最后取得的效果一定能让商家惊喜不断。

互动越高效，传播越广泛

有很多社交营销者建了社群，也引流了，但是在做社群运营时却渐渐出了问题，因为营销者不懂互动。没有互动，群气氛就淡了，结果群成员大量流失，原先辛苦引流来的群成员一个个全跑没影了，更别提转化了。

互动是社群运营的关键。以下一些方法是社交营销者必须掌握的。

1. 了解社群参数

社交营销者首先要了解你组建的社群的各个参数。例如你的社群有多少人，他们的画像是怎样的，社群又是什么性质，群成员进群的时间数据等。这些信息都可以通过各社交平台的群管理工具或在群内调查实现。

毕竟每个行业的群不一样，群用户的喜好也不一样，营销者必须根据群数据去找到群用户喜欢的话题，进而策划合适的活动，才能带动营销者和群成员间的互动。

2. 发起话题，挑起互动

营销者需要有发起话题、挑起互动的能力。从话题上来说，营销者觉得美的东西都可以拿来分享，记住：是美的东西。所有人都是视觉动物，对美的东西他们自然会产生兴趣。

营销者不要总是把注意力放在产品销售上，你要思考群成员的年龄阶层、生活状态、工作情况，他们是一群什么样的人，然后针对这些特征去做话题的互动。

一个做母婴商品的人组建了一个社群，群成员大多是宝妈，那么她就可以抛出一些诸如全职带孩子、宝妈的梦想等话题。因为这些话题都是群成员较为关心的，这样互动效果就会很明显。

3. 策划活动，做好互动

策划一些好的活动是让一个社群进行良性互动比较好的方式。不过，策划活动前，营销者一定要做好定位和构思，了解用户属性，进而确定活动面向哪些人群，设置什么奖品、优惠券等。

在活动前，还可以进行全方位的预热推广，通过社交媒体拉人。对于有线下店铺的商家来说，还可以利用更多的资源，例如在店铺显眼处印上活动信息，同时店铺工作人员也可以对顾客进行推广。

社群互动活动的方式有很多，猜谜类的有疯狂猜图、猜电影、猜歌名等；中奖类的有刮刮卡、大转盘等；答题类的有选择题、问卷调查等。无论哪种方式，都要让用户采用简单的方式进行参与，即用户只需要输入简单的数字或字母即可参加，以此提升活动的灵活性。

活动结束后，商家要做好活动数据统计，记录好活动参与人数、成员活跃情况、中奖信息等，为发起下一次活动做好准备。

做到以上几点，社群的互动性基本就能充分带动起来。而有了互动，才不会让群成员感觉社群死气沉沉的，会让你的社群越传越广，吸引更多的用户加入社群。

社群越活跃，未来就越好

判断一个社群的质量时，活跃度是其中一个重要的标准。社群越活跃，群成员的参与度越高，大家也越认同群主的理念及商品。反之，一个极少有人发言的群，或是群主说了话没有响应的群，已经和死群无异了。

一个社群活不活跃，是这个社群能不能留存下去的根本。一个社群即便人数不多，但只要有足够的活跃度，那它就会像变形虫一样，发生超乎想象的裂变。

那么，如何增加社群的活跃度呢？

1. 优秀的话术

社群管理者的优秀话术是帮助社群活跃起来的重要方面。一套优秀的社群运营话术通常包括这些方面：

一是入群的欢迎语。当有新成员入群时，群管理者就要第一时间让新进者明白这是个什么样的群，这个群存在的目的是什么，这个群有什么规则以及以后他能在群里获得什么。这一点至关重要，因为如果新进者进群后，没有及时的话术对其引导和激励，两眼一抹黑，一旦这种情况超过 3 分钟，用户就很有可能选择退群；即便不退，对这个群的注意力也很难找回来了。

二是产生内容的话术。群管理者发布的内容要精准，同时要能增加新成员的融入感和社群的互动率。

三是布置任务的话术。群管理者可以对发布的内容做一个总结，预告下一次发布信息的内容等等。

2. 活用社群福利

群管理者可以很好地利用社群福利，例如红包、奖品、团购、优惠券等。这些福利就好像人们餐前的开胃小菜，是活跃气氛的好方式。

现在，很多人会对微信群设置消息免打扰，单纯发放红包可能不会被很多人看到，这时候我们可以利用微信的“@ 所有人”功能，这样大家都能收到消息，再加上前面的发放红包等做铺垫，社群就相当于被慢慢预热了。

3. 策划活动

无论是增加互动率，还是增加活跃度，活动都是一个不错的选择，商家可以利用抽奖、转发行业大号的观点或者软文、抛出相对具有争议的话题、私聊、投票，分享资料等来增加活跃度。建议营销者定期进行热点话题的讨论，采用有奖转发、联合第三方做留言等方式活跃活动气氛。

4. 加快联系频率

商家和用户的联系频率代表了你们之间的关系，关系很深厚的话，你推荐给他产品，他就很容易接受。拿微信公众号来说，在联系频率增加的状况下，我们的信息到达率可达 100%，营销信息的打开率可以达到 42%，而每 100 个访客中就可能会有 12 人下单购买。

5. 温馨提示

通过社交平台的一些功能，商家可以对用户进行提醒。举例来说，如果你是化妆品企业，你不仅可以根据季节和用户所在地发送相应的护肤提醒，还可以根据用户的具体需求进行分组，如缩毛孔、祛痘等，然后再根据这些关键词发送相应的信息。

总之，社群的活跃度考验的是商家与用户关系的强与弱，决定着社群的未来。任何商家都不应等闲视之，只有通过多个维度保障社群的活跃度，商家才能与群成员之间产生更紧密的联系，并带来更高的转化率。

第四章

引流，将公域流量导入私域流量

当整个互联网世界的流量从增量变成存量以后，公域流量变现就越来越难。这时，私域流量就成了商家们争夺的另一片高地。私域流量，顾名思义就是私人拥有的流量，例如微信个人号、微信公众号、微信群及小程序、微博、QQ 群。而要形成私域流量，就必然涉及引流的问题。只有用对方法，我们才可能将流量从公域导入私域，形成自己的“鱼塘”。

为你的用户“画像”

在移动互联网上，我们每个人都可以随时随地分享信息。

移动互联网用户数量实在太庞大，对商家来说，这个消费群体也是非常庞大的。没有哪一个商家的信息能够覆盖到所有的移动互联网用户，毕竟不同的消费者就会有不同的需求。要想精准锁定用户，就需要为用户画像。

毫无疑问，用户的画像越细，精准化程度越高，商家就能更加聚焦服务对象，获得商品信息后的转化率就会越高。

现在很多成功的企业，都能找到细分用户的影子。例如苹果，一直致力于为有态度、追求品质、特立独行的人服务，因此苹果的手机及其他产品都能在这部分消费者中赢得口碑，占据市场。再比如之前我们专门讲过的社交平台豆瓣，它只为文艺青年服务，并且多年专注于此，因此豆瓣用户的黏性都很高，很多文艺青年来到豆瓣，都有一种找到了归宿的感觉。

实际上，精准用户就潜藏于广大的消费者群体中，我们要想找到他们，就必须经历为用户画像的过程。

为用户画像，有两个原则商家需要掌握。

第一个原则：标签化。

所谓标签化，是指商家可以根据用户的浏览习惯、消费行为等数据，推断用户的个人属性、社交属性、购买需求、使用场景等信息，然后将这些信息分档、归类、统计，得出用户动态的、多元化的标签。

> “经济适用男”“性价比”“加班”“IT 男”“写字楼”“购买力高”等都可以作为用户的标签。如果再细分一点，我们还可以对这些标签进行权重加成，例如“购买力高”，我们还可以通过分析用户的消费习惯，在这个标签的子栏目里贴上“奢侈品消费”“电子产品消费”“家居消费”等标签。

对于标签，商家要基于大数据来采集，用电子化的方式进行归类。无论怎样，都不能以拍脑门的方式盲目地贴标签。例如一个商家的目标用户是学生群体，商家就不要想当然地认为用户的消费特征是随意的。其实学生群体喜欢有群体意志的东西，绝不是随意的，而且不同阶段的学生，其消费跨度是很大的。

第二个原则：低交叉率。

我们给用户画像，目的是对用户进行数字化的聚合和描述，为精准化营销打下基础。如果我们有两组用户画像，这两组人除了受教育程度和年龄不同外，其他标签几乎一致，那我们就可以理解为，不同的受教育程度和不同年龄的人对我们商品的需求程度是一致的，受教育程度和年龄可以从我们的标签中抹去，进而将这两组用户合并为一组。

业内有着很多用户画像的方法，例如“七步人物角色法”“十步人物角色法”，商家可以搜索一些好的方法为己所用。

另外，用户画像通常有以下几个维度。一是用户的基本特征，例如年龄、性别、地域、职业、受教育程度等；二是消费特征，例如收入、有无车房、购买力、信用水平、购物类型、消费周期等；三是社会特征，例如社交偏好、信息渠道等；四是兴趣特征，例如是否常使用各种APP平台、有无互动行为、浏览的内容等等。我们可以从这几个维度逐渐往下细分，越细越好。慢慢地，精准用户就会浮出水面，成为我们精准营销的对象。

全方位给你的用户制造惊喜

前面我们已经说过，在社交营销中，口碑的传播对于商家而言至关重要。而实现口碑传播的基础是什么？答案是超预期，就是给用户制造各种惊喜。

> 海底捞的服务很有特色。顾客去海底捞吃饭，西瓜没有吃完，问服务员能不能将西瓜打包，服务员说不行。结果结账的时候，服务员直接给顾客拎来一个完整的西瓜，并告诉顾客："打包切开的西瓜不卫生，你要打包的话，就送你一个西瓜。"顾客立即就有了一种超预期的感觉。为顾客提供超预期服务的海底捞口碑爆棚也就不奇怪了。

股神巴菲特曾经说过一句话："能让客户感到惊喜的企业相当于拥有了一个免费的销售团队，你看不见他们，但他们却无时无刻不在替你宣传。"

做社交营销也是如此，我们不仅要满足用户的需求，更重要的是要全方位地给用户制造惊喜。商家通过微信、微博、抖音等平台给用户制造了惊喜，用户瞬间就可以将商家信息转发出去，帮商家进行宣传。从另一个层面来说，给用户制造惊喜，也是商家将用户的朋友导入自己私域流量的绝佳途径。

用户的惊喜感从哪里来？其实惊喜感就是用户的一种兴奋性需求。在社交营销中，除了提供给用户出乎意料的产品外，出乎意料的服务更是必不可少的。当商家的产品或服务超出用户的预期后，就会提高用户的满意度，从而提高用户的忠诚度。

例如我们死磕产品细节，用满足资深用户的心态来满足“小白用户”，这种心态就很重要。

第一个践行“社交音乐”的网易云音乐，在推出歌曲时，将每首歌曲的信息、封面都做得很完善。而当时的音乐产品，一般都只有歌名、歌手，网易云音乐在细节上不含糊的做法，超出了很多用户的预期。

我们的服务也是一样。现在，常规的服务已经很难打动消费者了，所以我们应该拿出海底捞般的服务态度，让用户感觉温暖、惊喜，这样才能打动消费者。

我们还要想办法引发用户情感。在制造惊喜的方式上，跟风并不一定可取，我们还是要树立起自己的形象——是文艺情节，还是 90 后的情怀，要根据自己的特色来打造，然后把它精彩地演绎出来。

制作话题也是一种方式。但是话题的制作一定不要因为博取用户眼球而站在负面的一方。例如某娱乐明星出轨成了热点，借势话题就一定要小心，稍不注意就可能引发用户的不满。千万不能跟消费者唱反调，要站在正义的一方。

雕爷牛腩就很会制作话题，在开业前内部封测时，其请了很多京城明星、一线大咖去试吃，瞬间引爆了消费者情绪，也算是制造了一个惊喜。

除此之外，商家做一些让利、优惠活动也是给用户制造惊喜的方式。无论用何种方式，我们的目的都是要持久地给消费者制造惊喜。现在我们可以想一想，你到底给了用户多少惊喜？

用好活动营销这件利器

做社交营销时，活动是商家与用户之间非常重要的沟通方式。

在流量运营中，有一个经常被人们提起的公式，即销售额 = 流量 × 转化率 × 客单价 × 复购率。好的活动可以吸引用户的广泛参与，相当于提高了流量，同时用户广泛参与活动——例如一些促销活动——也可以大大提升商家的转化率、复购率，进而大大提高销售额。

活动的形式很多，不一而足，像我们前面提到的中国锦鲤、互动小测试，或者是幸运抽奖、大转盘，以及商家的优惠、打折、送券，都可以算作活动。但无论哪种活动，商家的目的都是为了快速提升流量、销售额等相关指标。

知名团购品牌饿了么 2020 年曾做了这么一个线上活动，活动内容是妈妈叫男主相亲，随后用户点击后，页面会出现一些选项，如果用户选错了就会被打。在挨几次打后，用户终于选对了，就可以和女主约会看电影。

饿了么设置的这个活动，其真实目的是想通过一系列选项来告诉用户，在饿了么平台，用户不但可以点餐，还可以看电影、订酒店，等等。通过这个活动，饿了么也让更多用户了解了自己，极大地提高了自己在用户心中的地位。

这就是活动的力量。我们几乎可以说，做好活动，就是商家社交营销的一件利器。

那么，活动具体怎么做呢？有这么几个原则：

1. 确定活动目标、时间

每一次活动，我们都要有一个目标——是为拉新，还是为提升老客户的复购率，同时要明确活动的时间，要让用户知道我们的活动会从什么时候开始、什么时候结束。

2. 市场调研

我们所有的活动都不应该是盲目的。在规划一个活动前，要事先了解用户属性，进行相关的市场调研，并进行全方位的预热推广，例如微信、微博、抖音，甚至线下广告，都可以成为我们为活动预热的窗口。

3. 引导参与

活动运营期间，商家最好组织专门人员在后台记录和解答用户的问题，并且引导用户积极参与活动。商家也可以通过社交平台的自定义回复接口不断推送活动参与说明，以便新关注活动的用户能够快速参与。

4. 利益驱动或者趣味驱动

用户参与我们活动的原因，无非就是两点。一是能得到利益。例如华帝的活动，最高可以退 5000 元，用户就存有购买商品后能够得到实惠的心理，这就有了参与热情；二是活动本身有趣味性，我们还是以华帝的活动举例，这个活动与一个未知的结果联系在一起，很有悬念，就好比在玩一个大型游戏一样，能够激发用户的参与感。

5. 节日营销

商家可以借助节日推出一些颇有时效性的活动，也可以将节日和一些热门事件结合起来推出有创意的活动，就很值得借鉴。

可见，商家做活动，绝不是简单地为了热闹，而是要围绕一定的目的、流程来打造的。活动，不过是一种屡试不爽的载体罢了。

“私域”的线下引流

私域流量池的大小，决定着商家的生存和发展。每一个商家都想要集合更多流量。简单点说，人即流量，商家要的就是聚人气、圈人。要做到这一点，我们就要找到一个好的入口。有好的入口，用户才能不断被你吸引过来。

这就涉及引流的问题了。引流分为线上引流、线下引流两大部分。对于线上引流，我们已经讲过很多了，例如线上拉新、吸引用户分享转发等等，但对于线下引流，可能很多商家还比较陌生。

我们常见的线下引流是用户到店后，店员引导用户添加商家微信，或是用户使用第三方支付软件付款时，需先关注商家微信才可付款，这样商家又获得了一批用户。之后商家再对用户做一对一的跟踪服务，加深用户对商家的印象，慢慢完成转化。

但这种方法的成功率并不高。若非熟人或是用户有意，用户添加商家微信只能算是一个“被迫”的行为，其本身有着抗拒心理，之后商家“单刀直入”去做跟踪服务，大多数用户也不会领这个情。

还有一种会员入口，就是给用户提供特别的通道或服务，来增加入口的引流。例如现在人们去餐饮店消费，餐饮店一般都会诱导客人办理会员卡成为会员，会员即可获得价格上的优惠。很多客户就会因为餐饮店对会员的优惠力度选择成为会员，而一旦成为会员，餐饮店就等于锁定了这个用户。当然，会员的种类也有很多，如果是年卡，甚至等于形成了长期的入口。

另有一种跨界入口，就是通过资源的整合来获得入口。例如理发店和高端洗车店进行合作，让这些高端洗车店的会员免费理发，以此引流。

以上这些方式算得上是一些成本较低的线下引流方式。事实上，商家要想快速实现线下引流，还是要做活动、搞促销，通过“舍”的方式来引流。当然，既然是“舍”，商家就要计算好成本，切不可单纯因为引流而将自己做倒闭了。

值得注意的是，商家首先要启动一批种子用户，即那些对商家的活动积极参与或热情很高的用户。这些用户就好比是明星的粉丝，明星让粉丝做什么，粉丝通常都很乐意去做。种子用户启动好了，对后面的裂变启动非常关键，因为种子用户才会乐于帮你分享，达成一传十，十传百的效果。

活动开始后，商家要活用话术，要有噱头，例如餐饮业的“霸王餐行动”等。再者，做商品促销，要有一个理由，例如是因为周年庆才推出的活动等，这样才能避免用户出现你是销量不好才搞促销打折的认知。

活动推出以后，可以在店面显要位置摆放海报，或采用工作人员进行推介等方式，让用户扫码进群，把用户引流到群参与抽奖。用户进群后，也要在群里 @ 新用户，发设置好的海报或文案。在群里，中奖的用户毕竟是少数，但也不要放弃那些未中奖的用户，商家可以对这些用户再发放一些福利，这样用户的留存率和转化率才容易提升。

当然，线下引流的方式还有很多，不可一概而论，原则是商家有好的创意都可以试用。

一个卖面膜的女性，因为没有实体店，就采取了和外卖员或快递员合作的方式，让他们在与人接触时，如果发现对方是女性，就对她们说："现在扫码就可以免费送 ××× 面膜。"通过这种方式，她也取得了很好的线下引流的效果。

案例是死的，方法是活的，我们做线下引流，不仅可以充分利用自己的资源，也可以充分利用别人的资源。只要好好思考，我们就一定能找到方法。

把握最好的引流时机

无论线上还是线下，商家引流都必须要注意时间的选择。通常来讲，引流效果比较好的时间是 15：00—17：00 及 20：00—22：00。这两个时间段，是很多用户查看社交平台信息的时间。当然如果你的群成员中熬夜的成员比较多，那么时间也可以往后推一点。

在上午，尤其是星期一的上午，用户都在忙于工作。如果你在这时挑起话题，或者发放福利，显然是徒劳无功的。

我们以微信为例，选择在 20：00 左右做活动就比较合适。因为有统计数据显示，大部分用户会在 20：00—22：00 这个时间段看朋友圈。如果我们选择在 20：00 开始进行活动引流，就可以让第一批种子用户开始刷屏，而种子用户的朋友在看到这些信息后，很可能继续分享刷屏，这就能达到最大的传播效果。

心理学上有个“羊群效应”，说的是在羊群中，总有那么一些出类拔萃的小羊，它们是领头羊，只要它们开始行动，其他羊都会不假思索地群起响应，即使有危险，它们也会全然不顾。“羊群效应”反映的是一种从众心理。其实人也是有从众心理的，人们在看朋友圈时，如果看到那么多人在刷同一条微信，我们也会感到好奇，会疑惑“这是什么东西”，或者想既然大家都在刷，那我不刷岂不是错过了什么。于是就会跟着转发分享，这就是“羊群效应”的体现。

不过，具体的引流时间还需要商家根据自己的行业特性来设定，并不是所有行业都适合选择同样的时间段，有的特殊行业可能在其他时间段进行引流，效果才会更好。

对做航空业务的商家来说，最好的引流时间是周五 13：00 左右。因为很多消费者有着周末出去旅游的打算，而他们关注相关信息的时间点基本都是在周五。这个时候推出活动，效果就是最好的。

再比如，对一些做装修的商家来说，最好的引流时机就是周六 9：00，因为用户大多在这个时间考虑装修项目或计划。

以上我们列举的这些时间，其实并不仅仅适用于引流，也同样适用于我们在社交平台上互动、做活动时运用。在正确的时间段与用户互动，或者做活动，时间长了，还可以培养用户的习惯，使其知道什么时间有商家互动、有活动。

第五章

运营，为社交营销保驾护航

现在，有很多人在使用微信或微博进行营销，但从运营上来说，这种营销行为其实还算不上社交营销。真正的社交营销应该是粉丝营销，即用户愿意和营销者沟通、交流和互动。而要做到这一点，我们就必须在运营上下功夫。要知道，维护好了用户，用户才愿意为你买单。

从实际出发，明确自己的定位

传统的营销方式是把商品卖给 1000 个人来实现盈利，而社交营销方式是把商品卖给 1 个人来实现 1000 次盈利。社交营销要的就是建立人与人之间的链接，聚集一群志同道合的人，为用户提供高质量的输出价值。

一群人聚集起来可能成为乌合之众，也可能做成大事，最重要的是我们要和什么人一起来做。所以，社群的运营首先要考虑的就是社群的定位。定位是一个社群的指挥棒，也是社群建立的第一步。有很多社群营销的商家可能都有这样的经历：在社群里做的说的都很多，但用户仍旧不领情，这主要是因为社群运营者和用户不在一个频道上，定位出现了偏差。

社群是一群志同道合者的聚集，它的标准不是规模化，而是在一定范围内的个性化、小众化，因此，商家要清晰定位，明确方向。

一个社群运营中，首先要把握的是垂直化原则，只有在一个领域里持续深耕，才能提升用户黏性，让用户产生归属感。垂直化就是找到自己的目标领域，例如母婴群、拍照技巧群、漫画群、知识分享群等。

领域不一样，具体的运营细则也不一样。但无论是什么社群，都是移动互联网用户的自由组合，大家地位平等，可以自由地互动、分享、交流、感染，每个成员都可以在社群中受益，也可以帮助社群。

在定位社群时，运营者还要分析自己的初心——你的目的是销售产品，还是为了和用户共同成长，还是提升品牌影响力，这些都可能影响到你后面的运营策略。不过，我们建议运营者的初心应该建立在利他而不是利己的基础上。商业社会和互联网的发展，让以卖家为中心的时代早已变成了以买家为中心的时代。这个时候，各个企业都会想办法争取顾客，进而转化成粉丝。争取到消费者的心，消费者就能成为你的“粉丝”。而要做到这一点，利他是最重要的途径。现代商业社会是现实的，有一句经典的总结，叫“得人心者得天下”。人心向你，财自道生。你心中有消费者，消费者心中自然会有你。

对于用户，我们可以通过用户画像来获得，但无论我们的精准用户是什么类型，我们都要仔细分析用户的需求和社交场景。一个社群，本质上也是一个小的生态系统。基于用户的需求类型，我们可以把社群分为励志型、知识型、娱乐型、文艺型、亲切家人型、高雅型、流行时尚型等类别，不同的类别决定着不同的运营内容输出。例如知识型社群，就需要运营者成为意见领袖，持续输出一些高价值的知识或经验。

社群的定位是多方面的，运营者需要考虑用户的结构趋势、情感趋势、运营手法趋势，还要结合自己的初心，做出最合理的定位。对于社群定位，商家在运营之初就要思考好。确定了大方向后，商家在和用户的接触中，通过不断摸索，进而加深定位，就能把社群运营得越来越好。

一切以“情绪人”为中心

人是社会化的动物，虽然社交圈在人类诞生之初，就已经出现，但通过移动互联网来搭建社交圈的历史却不过短短 10 多年。在移动互联网上，传统的商业战略、管理、创新、体验、消费者文化全部被改变，人们在生活中的社交行为已经可以运用到网上，深深地影响着商家在网上的行为。

通常，消费者的决定是感性而非理性来做出的。情绪左右着人们的行为，而人的基本情绪状态只有高兴、悲伤、惊讶、愤怒、快乐五种，这五种情绪又在人们头脑中用无数种方式创造着各种情绪，于是就有了千变万化的人类情绪。

对于网络上出现的信息，首先发挥作用的是人的感觉系统，然后才是思考。人类大脑对情绪信息的处理速度要远快于对认知信息的处理速度。这样一来，人们关注商家在社交平台发布的内容时，首先关注的是内容的标题、图片，这些信息带给用户基本的情绪认知——或高兴或好奇。在这些情绪的作用下，人们才会去阅读、观看、评论或者转发。

消费者的体验也是充满情绪的。社交营销最重要的特质是可以吸引用户参与活动，进而主动传播相关的商品信息。而商家要使用户主动参与活动并传播信息，就要给用户带来快乐的情绪体验，这一点非常重要。调查发现，快乐是人们分享社交媒体信息的主要驱动力，与幸福相关的事情，往往占据了网络上内容的绝大部分。一篇文章、一则视频包含的情绪越积极，就越可能形成病毒式传播。

因此，对于社交营销的运营者来说，情绪是很重要的，围绕“情绪人”来构建营销策略应该引起我们足够的重视。正能量的开心、惊讶与有趣，在人们的社交行为中占比最多。对于这些情绪，运营者就要多加利用。

在对情绪的利用中，也有一些技巧。

例如快乐，第一种情况是运营者给用户带来的快乐始终如一。

美国作家约翰娜·斯坦推出新书《家长新概念》，在社交媒体上的宣传视频中，一改以往同类产品家长教育孩子的方式，而是采用了孩子不断地向妈妈发出疑问的形式。孩子天真的话语、大胆的想法让看到视频的人不禁开怀一笑，这种快乐的情绪就会带动用户一直观看视频，直到画面最后出现书的名字和书的购买链接时为止。视频中孩子天真的问话，给观看者带来了欢乐，也契合了新书的主题。这则社交信息的基调就是始终如一的快乐。

第二种情况是可以先让用户出现害怕、愤怒等其他情绪，随着事件的展开，再让用户的情绪逆转为快乐。

妮维娅在社交媒体中推出抗压测试视频，一开始是在机场候机大厅展开的“警告逃犯”，有好几位候机人员被选中为“逃犯”，这就带给观看者一种紧张感。后来，候机大厅出现警察的身影，他们走到“逃犯”面前，打开其随身携带的箱子，里面是妮维娅的产品，警察把产品送给他们，最终以快乐的情绪体验收尾。

从这些案例中我们可以看出，社交营销运营最有效的方式不是广告，而是带给用户正能量的情绪。消费者在消费的过程中，基于纯粹理性的时候很少，更多的时候是基于自己的情绪。情绪才是社交营销意义显现的激发器。

创造满足用户需求的内容

商界有一句话“满足客户需求，为客户服务是企业存在的唯一理由”。这是至理，因为企业的收入都是来自客户的，如果不能满足客户的需求，不能打通客户的价值体系，企业也就创造不了收入。

企业与客户的关系可以这样来理解：企业的所有产品和服务，都应该要为客户服务，而且要为客户创造价值。

社交营销本质上也是内容营销，同样需要创造满足用户需求的内容。说得直白一点，就是商家要去成就用户，帮助用户完成需求，在这个帮助用户的过程中再来成就自己。也就是说商家要做“雷锋”，要认认真真地帮助用户，满足他们的需求。

商家在社交平台上发布的内容，可以自由组合图片、文字、动画、视频等形式，来传达所要呈现的信息，以拉近与用户的距离，但这些都还是理论性的东西，大家都会用。怎样才能让我们在众多竞争对手的同类信息中脱颖而出呢？关键的一点就是我们的内容建设能不能满足用户的需求。

内容的分类不以原创或非原创来区分，好的内容是完全符合用户需求的，用户想要什么，我们就给他们展示什么。这一点说起来很轻松，实际上做起来是很难的。

我们以著名的美酒视频博主“醉鹅娘”为例，看看她是怎么产出满足用户需求的内容的。

醉鹅娘的公众号，虽然阅读量只有几千，微博粉丝也只有100万，但这些粉丝都是通过她“专业、系统、有趣、免费的红酒相关问题解决方案，包括如何点酒、如何品酒、如何选酒等等”积累起来的，而且基本上是铁杆粉丝，她本人也实现了年销售额2500万元的成绩。

醉鹅娘将目标用户定位为国内红酒消费群体中的“小白”，发布的内容通常是以视频形式呈现的，定位是“用所有人都听得懂的方式来讲红酒”。她知道，那些中高端红酒消费群体，已经很了解怎么选红酒、品红酒了，无论自己的内容有多么通俗易懂，都不能带给他们新鲜感，而“小白用户”就不一样了。这些“小白用户”大多是年轻的城市白领，对红酒只有浅层了解，平常也不太会去购买。但他们有购买力，且有上升空间，醉鹅娘便瞄准了他们，就像信用卡商家将大学生作为用户一样。

要激起他们的消费欲，通俗易懂的内容最能直击他们的内心。醉鹅娘通过她的内容消除“小白用户”一直以来对红酒“价高且难以接近”的误解，接着她再耐心地对这部分用户进行“教育”和“转化”，大量年轻白领就是这样被她带入“红酒购买”大军中的。

醉鹅娘的成功，其实不在于她在红酒业有多专业，而是在于她对用户有着深刻的洞察，知道什么内容才是满足用户需求的。

因此，商家一定不能盲目地产出内容。在产出内容前，商家首先要判定这个内容符不符合用户需求。假如你是卖牛奶的，你就要明白用户对牛奶的需求可能是天然、无污染、新鲜等，你的内容一定要围绕这些元素来打磨。

实实在在地解决用户的难题

无论是传统商家，还是现在的电商，客户于商家而言都是第一位的。在前社交营销时代，因为没有社交平台，用户有了问题很难与商家进行即时沟通，用户要么对一些问题听之任之，要么通过拨打商家的客服电话进行咨询。但要知道，以前一些中小商家并未设置客服，这样一来，用户与商家之间协商和解决问题便障碍重重，传统电商虽然有客服人员，但也仅能解决一些粗浅的问题，做不到商家亲临现场进行讲解，更做不到解决问题后让用户自发地分享传播。而这些痛点，在社交营销中都能迎刃而解。

社交营销是基于用户关系链的营销行为，不仅能解决传统电商难以解决的信任问题，也能实实在在地解决用户的难题。例如有的消费者通过互联网并不能很好地做出购物决策。用户最希望的是商家把产品放在一些具体的场景中，有专人进行讲解，以便更深入地了解。例如，用户很难知道一款化妆品适不适合自己。这时，商家就可以通过短视频或直播的方式现场演示给用户看，并配上专业的讲解。这样，用户就能更直观地了解商品，进而做出购买的决策。

用直播做营销的效果尤其显著，因为直播所呈现的场景、效果都是真实的。一般而言，用户购买大件商品，例如家电、家具时，往往会有很多问题。平常用户去线下门店选购这些商品时，都需要听导购员的仔细讲解才能做出决定，而直播就可以带给用户类似的体验。商家可以一边向用户展示商品，一边即时回答用户提出的各种问题。

由此可以看出，社交营销有着传统营销无可比拟的解决用户难题的优势，而商家要做的就是实实在在地解决用户提出的各种问题。

在解决用户难题方面，商家首先要学会收集用户关注最多的问题，有的问题可能很多用户都有疑惑，商家对此一定要引起重视，给出一个用户满意的答案。问题得到解决以后，用户会产生被尊重感，很容易就会对其进行转发，转发以后，用户的朋友就会看到，如果用户的朋友感兴趣，他们也会关注商家，同时加入商家的社群，这就等于商家利用强关系实现了分享式推广。

其次，商家要及时回复用户的各种问题。每个人都有感情，都希望引起别人的重视，所以，商家一定要及时回复用户的提问。这一方面能解答用户问题，另一方面能让用户有受到足够重视之感，对提升用户对商家的信任度很有帮助。

对于用户的难题，尤其是用户不知道如何决策时，商家切不可急切地怂恿用户购买自家的商品，而是要放在有代入感的场景中，给用户提供专业的建议，让用户明智地选择产品。其实，只要我们提供了让用户满意的建议以后，只要我们有相应的商品，用户购买我们商品的可能性就会更大。

做社交营销，归根到底是做“人的营销”，没有人希望自己的问题被商家搁置。所以，实实在在地解决用户难题，商家就等于把自己推销了出去。

让消费者转化成“代理人”

这是一个高度社会化的时代。在这个社会化的环境中，每个人都是一个节点，他们接收信息，也传播信息。我们都知道商家在售卖产品的过程中，渠道非常重要。其实，人也是一个渠道——人是信息传播者，也是卖货者。

有一个六度分隔理论，指的是这世界上任何两个陌生人，最多通过 5 个中间人就可以互相认识。如果一个信息用社交关系来进行传播的话，一传二，二传四，四传八，这样仅需传播 33 次，就能覆盖 36 亿人。

由此我们可以看出，人这个渠道有多强大。而要做好人这个渠道，商家就要注重给粉丝带来动力。动力是人传播信息的热情，如果你的产品让用户愿意分享，或者觉得分享出去，不仅自己有面子，朋友也能得到好处，这就是联结。有了这种联结，用户就能变成代理，免费帮你卖货。

除此以外，商家还可以鼓励用户写出使用产品的体验过程。现在，已经没有消费者喜欢空洞无聊的产品介绍或者一成不变的商品推荐软文了，消费者想要的是你的商品能够为自己带来什么价值，能够为自己解决什么问题。因此，他们很愿意看其他用户在使用商品后的反馈。

这就好比我们在淘宝上买东西，购买决策通常是看其他用户的评论来做出的一样。在社交营销中，我们也可以使用淘宝卖家的手段，在信息页面中插入用户好评的截图，用已有用户的热情来点燃潜在客户的购买欲望，让潜在客户瞬间产生一种怦然心动的感觉。为了最大化地发挥这种影响力，商家最好用简洁明了的方式来展示其商品是如何带给已有用户快乐的，同时一定要避免一些笼统的评价，例如“我喜欢这个产品”“物美价廉”等，这些评价没有任何实质意义，因为它让潜在用户看不到这个商品到底会给自己带来什么具体的价值。

为了让粉丝的热情突出、引人关注。商家还可以专门发布一些关于已有用户对商品满意感受的展示页，展示内容可以是短视频、粉丝感谢信等。这样，提交了这些信息的用户会感到被重视，会愿意帮你传播，也会给潜在客户一种影响力。潜在用户会觉得，既然大家都觉得好，那我买了也一定不会错。羊群效应便产生了。其实，一个好的展示页，就相当于商家的一张名片，可以通过社交网络不断分享、传播，甚至会有用户为了了解你而主动找你索要“名片”。这比传统的打广告、发传单的效果要好得多。

所以，所有商家都应该有这样的认知：在社会化的环境中，你的用户可能不再仅仅是用户，他们也可以成为你产品的经销商或渠道商，这种流量的汇聚点不是以门店的形式展现的，而是分散在每个人的社交关系之中。

用让利和口碑实现裂变效应

进行社交营销的商家都希望产生裂变，裂变就好像细胞分裂一样，可以达成一传二，二传四……这样的传播路径。正所谓“无社交不裂变”，社交营销通过裂变系统快速传播，给了中小商家迅速壮大的机会，这在传统商业时代根本是无法想象的。

这些年，裂变营销被各大商家玩得风生水起，像美团外卖、拼多多、每日优鲜等 APP 就不断在我们的朋友圈中被刷屏，甚至就连一些微商也加入了裂变的行列。

裂变说起来容易，做起来却不简单。通常，商家采用的裂变方式有很多，如拼团、邀请、助力、分享、口碑等。但究其实质，无外乎让利和口碑两种。

网易严选的拼团，从用户下单到支付，再到离开页面，每个环节都在暗示用户要“分享”。假设一款网易严选的商品售价 100 元，用户在看到该商品时，就可以选择邀好友打折，邀 3 位好友就可以打 7 折。这样，网易严选的 APP 被推荐给了更多的人，它通过社交元素获取的用户量就会迅速增长。网易严选出于获取用户的目的采取一定的让利行为，用户也得到了实惠，是一个双赢的策略。

正所谓“舍不得孩子套不着狼”，做裂变营销，商家在综合考虑下让出一部分利益给用户，而用户在这部分利益的诱使下，就会很愿意转发分享商家的信息，从而帮助商家达到裂变的效果。无论拼团、邀请、助力都是一样，背后都有着商家让利的影子。

乐纯酸奶裂变的思路即如此，其用让利的方式吸引用户分享、分享、再分享。乐纯酸奶的定价通常是一盒 15 至 20 元，90 元起送。毫无疑问，这个价格和起送门槛是比较高的，那如何让买不起的用户能主动购买，还愿意推荐给身边的朋友呢？乐纯酸奶发起了一个“控糖小队无糖打卡”的活动，只要有用户能邀请 5 人关注乐纯酸奶就能领到 40 元的奶票。对用户而言，一下子能便宜 40 元，这就很有诱惑力了。用户打卡以后，乐纯页面又会引导用户进行分享，分享后用户可以再获得 5 元红包。不仅如此，用户在用这 5 元红包付款后不仅可以获得 60 元优惠券，还有红包可领，分享红包，还有抽取奖金的机会。

如此一层层地、持续不断地给用户利益，用户就很愿意分享。乐纯酸奶在裂变的同时，老用户也得到了实惠，留存和转化率都很稳定。

让利，要求商家舍去一部分营销成本。大商家可以以“烧钱式”进行让利，中小商家则可以采用朋友圈集赞送礼、分享朋友圈领奖、小程序邀请好友等让利方式来实现裂变。效果都很不错。

让利之外，就是口碑裂变。口碑裂变就好像明星粉丝的积累一样，任何明星都不是一出道就有粉丝的，他们都是在时间的沉淀中通过个人口碑将粉丝慢慢积累起来的。口碑裂变也是一样，你可以通过口碑影响你的粉丝，让你的粉丝愿意帮你进行商品的分享和推荐。随着粉丝的分享，你就可以获得更多的流量和收益。这里，就需要商家尽力打造超出用户预期的产品或服务，那种惊喜感就会成为用户免费帮你传播、分享的动力所在。

英语教育机构 VIPKID 成立初期，主要精力放在打磨产品上，其产品几乎是按天来迭代的，用户每天都会产生新的使用惊喜，这就超出了很多用户的预期。很多家长便不断在社交媒体上帮他们代言、推荐，分享自己的使用感受。经过口碑裂变，VIPKID 仅用三年时间，用户就从 100 多增加到 30 万，其中 70% 的用户都来自老用户的推荐。

裂变是营销的破局。让利和口碑，其实也并不是裂变的两条平行不交叉的路径，商家可以对其综合运用，也可以混合采用让利中的诸多形式。要知道，裂变营销的方式从来不会有好不好，只有适不适合。

6

第六章

社交营销也要练好管理内功

社交营销不但要“穿新衣”，也要“练内功”。管理可谓社交营销的“后勤”，为一切的社交营销活动服务。社交营销的管理涉及很多方面，团队搭建、变现模式的选择、利益分配、文化体系建设等都需要切合实际，并做到创新。做好管理，我们的社交营销才会有章可循，有迹可依。

社交营销团队的搭建与分工

一个人再勤奋努力，能力再强，有再好的人脉和聪明的脑袋，其实都是有局限性的。个人的能力与智慧就好像一个杯子，容量有限，但如果能够聚合多人之力，形成一个团队，爆发出的力量就会大得多。

社交营销也是如此。

尽管社交营销团队的角色可能与一般企业中的一些角色类似，但它们可能需要的是不同类型的人员。社交营销团队要为客户提供充分的服务，和客户的对话要迅速，反馈要即时，并且要有灵活处理客户问题的能力。一个商家必须为团队的运营制定策略，以实现其灵活性，同时营销活动要与明确定义的业务目标相一致。

从大的方向上来看，社交营销团队通常包括营销开发和售后服务两个部门。

营销开发是一个比较专业的岗位，主要负责社交营销的前期、中期工作，主要工作内容是提供有效的社交策略、社交内容、客户协调等。

营销开发的工作看起来不多，却是极费脑筋的。例如社交策略的制定，就需要制定者首先了解自己的业务、数字技术和社交媒体网络，负责为商家提供有效的数字战略和社交媒体战略；社交内容的提供和创建也是不可或缺的一环，成功的社交媒体战略依赖的就是出色的内容，那种能创造让人“眼前一亮”感觉的内容的人员将是团队的创意天才，他们除了要有好的想法外，还要熟练使用多种内容媒介，图文、视频无不信手拈来。客户协调者则需要有敏锐的洞察力，可以随时观察用户对社群、对信息的反馈或建议，并从中发现潜在的问题或更好的机会。

此外，营销开发人员还要承担整个营销作业流程、完成绩效任务、统计分析营销效果并制定更具有针对性的营销计划。可以说，营销开发部门是整个社交营销团队的核心。

而售后服务则是商家维护老客户的关键，其存在的意义就是充分和粉丝进行互动——不仅要和粉丝深度沟通，而且要及时从中获得粉丝的反馈，并将其传达给营销开发人员，便于营销开发人员及时调整营销战略。

在售后服务中，客服人员是必不可少的。客服人员需要熟悉商家的产品基础知识，了解每一件商品的特点，对于热销产品，则需要知道它的每个细节。客服人员在活动期间要清楚地知道活动的具体步骤和优惠政策。

客服人员的主要工作是和用户沟通，解决用户的疑问，这些是商家和用户互动的核心环节。互动内容也许并不都是围绕着商品而来，也有一些用户仅仅是出于无聊找客服聊天，这也要求客服人员能尽量满足用户的需求。

可见，一个好的社交营销团队是需要好好筹备才能建立起来的，绝不是我们脑门一热就能建立起来的。那些规模较小的商家，由于受精力和财力所限，可以建立 2 ~ 4 人左右的小型社交营销团队；中等规模的商家可以在分析自己的实际情况后，酌情增加团队人数，通常建议建立一支 4 ~ 9 人的社交营销团队。通常某些社交营销业务需要配备 3 人左右的小组，例如微博营销，这样就方便各小组在微博的运营过程中起到相应的配合和协调的作用。当然，具体人员配备数量要看企业的实际情况。一些大型企业之间的差别可能比较大，未必有非常固定的营销团队模式，如果企业本身就有策划部门、客服部门等，那么只需配备一些懂社交营销的人来协调管理就可以了。

社交营销变现模式的选择

罗辑思维创始人罗振宇说："未来的品牌如果没有粉丝，迟早会死。"我们做社交营销，要的就是聚粉丝，做流量。有了流量就相当于有了变现的前提，因此商业领域又有"流量经济"一说。这就好比一家门店，是开在人流量多的地方更赚钱，还是开在没什么人流量的地方赚钱？答案不言而喻，肯定是人流量越大，门店的生意才会越兴隆，盈利能力才会越强。

社交营销也是同样的道理，流量越大，商家才会越有价值。例如现在比较流行的网络直播、网红营销、大V推荐等，说白了就是商家引流的一种手段。

流量是能变现的。其实，流量变现并不是什么难事。试想，如果你已有成千上万的流量，吸引其中的一小部分人进行消费就比较容易了。

通常，流量变现的主要模式有以下几种：

1. 电商变现

电商变现的表现形式有直播＋商品、短视频＋商品、图文＋商品以及其他内容形式＋商品等。

以社交短视频平台抖音为例，商家可以在相应的视频内容中设置外链接，让被吸引的用户可以通过点击外链接直接进入淘宝平台，实现变现。

不过，商家需要满足一定条件才能在抖音上开通淘宝购物车功能——商家需要成为视频达人，或者和已经是视频达人的个人合作，通过抖音的达人认证后，才能开通相关功能。目前，抖音的达人认证对粉丝数量是有限制的，要求达人的粉丝量达到百万以上。

再如微信公众号，商家也可以利用微信公众号给自己的线上店铺导流，用户从公众号的子菜单中就可以直接进入商家店铺。

2. 广告变现

现在我们打开微信朋友圈，肯定能看到一大波广告，随便点进去一个广告，就是商家的店铺。面对这些店铺，你可以直接下单，而你一下单，流量便实现了变现。不过这在社交营销中，是一种比较简单粗暴的流量变现方式；而且在朋友圈投放广告，如果不精准，那就一点价值都没有，还有被人拉黑的可能。如果实在要用这种方式，最好将好友进行分组，向最有需求的一批人投放广告，而不是以所有人可见的方式投放广告。

还有一种广告变现方式，就是将简单粗暴的广告转化成优质的内容，像前面介绍的美国作家约翰娜·斯坦对新书《家长新概念》的宣传，先用新颖的内容吸引用户，获得用户好感后再附上购买链接，或介绍商品详情，就能获得比较好的变现效果。当然，也可以在一些优质的内容中植入一些相关的广告，同样比那些简单粗暴的广告变现效果好得多。

3. 代言变现

在粉丝经济中，一些网红或明星自带大量粉丝，他们现身说法往往非常具有说服力，变现能力很强大。因此，商家可以和这些网红或明星进行合作，邀请他们为自己的商品代言，以达到变现的目的。

> 韩国歌手黄致列签约步步高旗下电商云猴全球购，成为“全球首席买手”。为了回馈粉丝，黄致列启动云猴全球购“免SHUI节”，连续四天四夜的免税打折，引来了无数女性粉丝。

4. 线下变现

线下变现主要是商家在社交营销中向用户发放优惠券、打折券等，吸引用户到线下店铺进行消费，或者是在线上进行广泛宣传，吸引用户到店消费。线下变现是线下实体店经常采用的一种方式。

5. 拼团、砍价变现

拼团、砍价变现是社交分享型电商最常用的一种方式。例如我们熟知的拼多多，它通过拼团、砍价的社交活动吸引了很多三四线城市的人群加入到网购大军中，进而利用低价的产品来刺激这些人群进行消费，从而完成了销售裂变。

社交营销的变现模式多种多样，并不拘泥于一种。商家需要根据自己的行业特性、用户特性和自身实力，找到一个最适合自己的变现路径。

社交营销的利益分配

在社交营销的过程中，我们经常能看到分销的影子。分销能够有效拓展企业销售的宽度。传统的分销是企业在开发一块市场时，把产品销售给某个一级分销商，然后这个一级分销商再将产品销售给若干个二级分销商，每个二级分销商再将产品售卖给若干个线下门店。这样，企业的产品就能快速覆盖市场，同时产品也能快速被摆上各个门店的柜台。

而社交营销是去中心化的流量入口，每一个用户都可以通过分享来打通自己的社交关系链，从而产生流量，也可以通过传播销售商品，给商家带来业绩。也就是说，在社交营销中，每一个用户都可以有消费者和销售者的双重身份，这也代表着在社交营销中，商家和用户之间没有交易关系，只有合作关系。

如果商家想让用户变成其分销者，就需要做好利益分配，只有将一定利益返还给参与分销的用户，用户才会最大限度地帮助其传播、推广。在商言商，商家做营销时，商家与分销商，说到底就是利益分享、利益分割、利益变现的关系。

从有用户参与的社交营销来看，可以将其分为入住式社交营销和自营式社交营销两种。

入住式社交营销有点像拼多多、苏宁易购的营销机制，商家不需要自己搭建小程序商城，而是直接借助社交平台，打造社交化零售的模式。

这种社交营销模式进行利益分配时，假如商品实际售价是 100 元，商家可以把这 100 元通过拼团、折扣的方式降低到 60 元、70 元（前提是商家还有利润），以此作为用户的团购价；然后通过拼团的方式吸引用户参与，在用户拼团的同时激励用户在社交平台上进行分享。用户分享出去以后，产品的价格虽然降低了，但商家能够更快、更广泛地获取流量，而且这些流量是免费获取的。在这里，商家相当于把一部分做推广的费用分摊到了分享的用户身上，用户获得了低价的商品，商家也打通了社交关系链，获得了源源不断的流量。

自营式社交营销是商家自建流量池，在社交平台上销售自己的商品的社交营销方式。很多品牌商、贸易商都采取自营式社交营销模式。

在自营式社交营销中，商家可以把利润分成 3 份。第一份是 C 端的消费者，他们在购买商品的时候可以享受商品的折扣、优惠；第二份是 B 端的分销店主，就是分销人员的利润点，一般他们的佣金可以设置在 10% ~ 25%，这部分佣金是驱动店主分销的根本；第三份是 S 端商家自身的利益。在这种模式中，B 端店主的社交分销可以为商家带来源源不断的流量，而商家只需要付出约 10% ~ 25% 的成本就可以达成。

在这方面做得比较好的是云集。

云集的店主是会员模式。用户只要下载云集的 APP 并注册，就能马上成为云集的 VIP 会员，但要成为钻石会员（店主），则需缴纳 398 元的会员费。当然，对于钻石会员，云集给出的优惠力度要大得多，例如购物返利、各种优惠券、云币奖励等。这种会员制度，有点像传统的直销，好的店主可以升级成为主管，可在普通店主的基础上再获得直邀店主 398 元会费中的 150 元提成和直邀店主 15% 的销售佣金。主管再往上是经理，经理还能额外获得直邀店主 398 元会费中的 80 元提成。这一套晋升机制无形中给了云集店主销售的动力，大家都想往上晋升，使云集用户数产生裂变式增长。从 2015 年到 2020 年，短短六年间，云集的交易会员就从几十万人增加到 1330 万人。而会员费成了云集的主要收入来源之一。

无论怎样，如果涉及让用户参与分享、传播，甚至是明明白白的销售，商家都必须要考虑利益分配的问题。如果没有设计好利益分配，商家的粉丝是不可能转化成你的分销商的。如果利益分配出现混乱，也是一样。所以商家要管理好关系，想拥有一个好的关系，就一定要关注利益及其分配。任何不以利益及其分配为指导的分销，都是忽悠。

社交营销的薪酬管理机制

社交营销的商家如果有一个公平公正的薪酬分配机制，不但能够不断造就人才，使优秀的人才脱颖而出，产生出高绩效，还能够吸纳更多的人才，壮大自己的人才队伍。

这里的薪酬机制，不仅针对商家内部的员工，也包括参与分销的用户。合理的薪酬机制，是偏重给“事”发工资，而不是给“人”发工资。给“人”发工资，是依据人的自然要素来决定的，例如工龄、职称等，这些要素最大的特点就是不可激励。给“事”发工资，强调绩效的作用，就是给产生绩效的人员以回报，从而激励用户产生更高的绩效。

达令家是一家专注于女性购物体验的社交零售电商平台，经销商分为店主、粉钻、管家三个级别。达令家的奖励制度如下。

用户如果花费399元购买了达令家的开店福袋，就可以成为店主，店主除了获得10+5元两张无门槛代金券的新人福利外，每销售一个福袋，将获得平台奖励100元，个人当月销售或自购普通商品199元以上，当月个人销售的福袋增加奖励10元/套。而在佣金上，个人销售或自购普通商品，达令家返还5%～30%的佣金。

如果用户直推了10个店主，就可以成为粉钻。粉钻销售一个福袋，奖励将提高到140元，其他奖励同店主。另外，粉钻可以成立团队，团队按销售额发放奖励，最高可领5000元现金。

当团队店主人数达到600人时，就可以成为管家。除了相应的收益有所提高外，达令家还会按照所有店主的店铺销售总利润的20%给管家发提成。

这里面，达令家的薪酬制度，就是按照分销者的贡献发放的，层级分明，激励效果比较明显。

另外，设计薪酬制度时要充分关注用户的素质和价值观。对于认同商家价值观，同时又有良好综合素质的人，商家可以考虑给他们制定一个长期的激励计划，促使他们为自己创造出更大的价值。

在薪酬制度设计中，除了要关注以上的几个基本要素外，商家还需要采取一些有效的策略以提高薪酬制度对用户的激励。

首先，薪酬战略要明确化。世界上很多大公司，都有明确的薪酬战略，而且这个战略是和公司的发展、文化相一致的。社交营销中的薪酬战略明确，即商家可以给分销用户制定长期的激励计划，使分销用户认同自己，也能给分销用户一定的安全感。

其次，薪酬政策要透明化。传统企业中，大多数企业薪酬并不透明，还严令员工不得互相打听工资，这种做法是不可取的。正确的薪酬机制应该是透明的，全体人员都应了解。薪酬分配还应是公平的，这样就不用担心有人知道别人的工资了。谁贡献多，谁就拿得多；谁贡献少，谁就拿得少。

再次，薪酬激励要长期化。给分销者发薪的激励计划，一定要长期坚持下去，不能有一阵没一阵，不能仅仅作为短期的激励计划。短期的激励计划虽然可以提升商家的吸引力，但对于长期留住人却是不利的。没有长期的激励，分销者就没有长期的动力。

分销者和商家共赢的基础是利益的合理分配，因此，通过设计科学合理的薪酬管理制度，能够在双方利益分配方面建立共享机制，促进双方协同发展。

社交营销的文化体系建设

在商业进入移动社交时代后，很多企业都认为自己找到了品牌建设的良机。然而，虽然这些企业雇用了大量的技术专家和创意工作人员，却收效甚微。国外有媒体曾统计，在视频社交网站 YouTube 上，用户订阅最多的企业却鲜见品牌企业的身影，只有三家品牌企业进入了用户订阅数量的前 500 名。甚至像麦当劳这种在社交媒体中投资最多的企业，其在 YouTube 上的用户订阅数量也只排在 9414 名。

造成这种结果的原因在于企业只注重在社交媒体上进行品牌建设，而忽略了文化体系建设。移动社交网络的兴起，让企业可以绕开传统媒体，直接与用户进行交流沟通。我们前面已经说过，新时代的商业特征是以用户为中心，而在社交网络中，网民已经成为非常高效且传播效果很强的文化创新者，这就是众创文化。如果企业不去关注众创文化，而只是一厢情愿地去传播品牌，必然不能被用户关注、分享。

例如段子手就是在社交网络中兴起的一种众创文化，好的段子内容搞怪又独特，一个梗可以被无限放大，并在传播扩散中不断演变，甚至影响主流文化。如果企业能够关注这种文化，并将其运用于自己的品牌建设中，就可能带来前所未有的机遇。

众创文化通常具有搞怪、年轻、活跃的特征，迭代速度非常快。

它貌似小众，但传播速度极快，能从散点进行涟漪式扩散，形成圈层效应。好的内容，就应该从这种圈层洞察出发，以品牌特性为基础，以圈层文化影响力为目标，促进品牌的建设。

好丽友在社交营销时，发现网民中比较流行悬疑推理文化，并且这种文化的受众群体和自己的目标客户群比较重合，于是他们就在自己的官方微信中推出了H5形式的悬疑推理游戏，吸引用户积极参与讨论、传播。结果仅仅20天，这条信息的浏览量就达22万次，有7万多人参与活动；同时微博浏览量更是超过千万，并有近13万人参与了相应的话题讨论。

另外，在品牌建设中结合众创文化时，人云亦云、对潮流亦步亦趋的方法其实并不可取。现在的用户都喜欢一些态度鲜明、个性十足的文化观点，商家必须在洞察众创文化的基础上，推行一些创新、独特、鲜明的文化理念。例如多芬在发现移动互联网上出现“倡导女性直面自己身体和美的多样性”的众创文化时，就创新性地提出了“真美行动”，鼓励女性用户拍摄、分享那些不符合时尚业对美丽定义的照片，使自己在品牌的竞争中占据了一席之地。

要保持品牌的影响力，商家还可以借助一些热点事件，以吸引用户积极参与。不过，热点事件有好有坏，商家在借势时，一定要把好方向，慎重对待负面新闻，千万不能出现意识形态上的错误。

社交营销的一大特点是从内容出发，内容本身会影响营销的效果。而好的内容又需要和众创文化相匹配。现在，众创文化正蓬勃发展。这就给那些具有创新精神的商家带来了新的机遇，指明了发力品牌建设的新方向。

社交营销的绩效考核指标

虽然有很多社交营销的管理者，在社交媒体上构建出了活力十足的形象，但这并不能形象地概括我们的营销是否成功，只有当社交营销展现出经济价值时，才能让我们心中的一块石头落地。这里面涉及社交营销的一些衡量指标。不了解衡量指标，我们就永远只有一些大概念，例如“好”“良好”“一般”“差”，无法得到具体的数据。而后续营销策略的制订，是不能建立在大概念的基础上的，商家只有根据具体指标下的数据，才能做出更有利于其后续推进的策略。

社交营销的衡量指标有很多，KPI（关键绩效指标）是比较通行的衡量和检验社交营销成果的标准。

当然，不同的社交平台有不同的衡量指标，但这些衡量指标有相关性，我们这里主要以微信营销举例。

1. 微信内容营销衡量指标

独立访问量：独立访问量能明确表示出在特定时间内，有多少用户浏览了自己的内容。可以用来对比不同类型的内容及发展趋势。

地域分布：商家可以按用户的地域分布进行分析，从而为自己后续的营销策略打下基础。

图文浏览量：这个指标代表的是用户的参与程度。对于我们的内容来说，这也是一个很好的衡量指标。它能够帮我们了解我们所发布的内容的传播效果。例如，用户是否根本没有看？又是否阅读了一部分后便不再阅读？相关数据可以帮助我们明确该如何针对用户的喜好优化今后发布的内容。

用户评论数：在社交时代，我们发布的内容可能会成为商家和用户之间沟通的话题。用户的评论数越多，就表示我们的话题针对性越强。有时候，商家还可以针对一些高评论的内容进行话题策划。

社交分享数：社交分享数可以让我们基本明确品牌的传播范围，以及什么样的用户才会主动分享。

2. 微信服务衡量指标

微信营销中的服务，是商家留住老客户、维护新客户的必要手段。微信服务衡量指标包括商家是否在页面中留有400或800开头的全国免费电话，以及是否设有在线留言与产品评论、退换货标准、多样的支付方式、网站帮助等。还有，用户遇到了问题，商家能不能及时解决，用户的满意度如何等也是服务衡量指标。

3. 微信信息到达指标

如果不考虑其他因素，商家向用户发送的微信信息的到达率是100%。但这里所指的到达率是，商家发布了微信营销信息后，有多少人真正点开看了。如果到达率低，就表示我们应该从粉丝需求、关注度、受众满意度和有效转发等参考指标和要素出发，提升其发布信息的质量。

4. 活动粉丝参与指标

这个指标很好理解，就是我们在微信中发起活动后，有多少粉丝积极响应并参与。这个指标可以帮助商家改进后续活动方式，以获得更多粉丝的响应。

5. 转化率衡量指标

转化率是商家进行微信营销的核心，也是衡量微信营销综合实力的重要指标。所谓转化率，是指有多少粉丝在商家的营销当中做出过对商家微信有利的行为，例如购买交易、收藏微信、二次访问、咨询商家和帮助商家进行宣传等。

社交营销的目的是传播，而传播就必然要有一个可以核算的 KPI 指标。微信营销商家通常采用的 KPI 如下：

粉丝数：粉丝数（累积关注人数）= 原有关注人数 + 净加关注人数（新关注人数 - 取消关注人数）。

流失率：一般而言，微信公众号是不能主动添加好友的，而关注公众号的好友则可以随时取消关注。在行业中，被称为“掉粉”，“掉粉”的数量就是流失率。在营销界中有一个理论，称吸引一个新客户的成本是留住一个老客户的 15 倍。所以，商家即便只流失一个精准客户，也是极大的损失。因此，商家绝不能因为好友在增多，就忽略了对老客户流失的关注。

此外，微信信息的传播率、转化率、好评率、分享率、反馈率也是重要的 KPI 指标。商家可以针对自己行业、内容的区别，选择合适的 KPI 指标，用来评估自己的微信营销是否有效。

社交动态的监测与评估

你正在采用的社交营销效果如何？你在社交营销中的投入是否值得？对于这两个问题，可能很多商家说不出准确的答案。对于社交营销者来说，社交动态的监测与评估是一个挑战，为了达到既定的社交营销目的，商家有必要在一个时间段内将具体的衡量指标转化成一个个可以量化的数字，这就需要依靠社交动态的监测与评估来实现了。

通常，社交平台都会有一些相应的数据统计工具，例如通过查阅商家发布在微信朋友圈中的信息，就能随时看到用户对其发布的信息进行点赞和评价的数量。微信公众号的数据查找就更方便了，从某个角度来说，微信公众号是一个天生的客户关系管理系统（CRM），除了可以轻易查看用户增长数、信息送达人数、阅读人数、转发人数外，每一个订阅公众号的客户，微信公众号都会在后台自动形成一个数据库；这个数据库，商家是可以自己管理的。微信公众平台已经为商家提供了用户分组、用户资料查看等功能，甚至包括一些客户的基本原始信息。

新浪微博也有一个微数据系统。商家可以点击微博左上方“应用”中的“微数据”进行操作。它可以帮助商家完成以下一些动态监测：

粉丝分析：商家可以查看粉丝最近一周感兴趣的话题标签及人数展示。通过微数据呈现的图表，商家就可以了解粉丝对什么话题感兴趣，也许商家今后发布的信息就可以以这些话题作为素材。除此以外，粉丝分析还可以帮助商家查看粉丝的性别比例，以及“粉丝”的地域分布情况。

铁杆粉丝：商家可以查看一个月内转发和评论自己微博最多的三个粉丝，同时，还能显示前10位活跃粉丝。

粉丝趋势：商家可以查看半个月内粉丝数量每天的增长情况。

除了各社交平台自身附带的监测和评估工具外，第三方监测工具也有很多，例如微信传播轨迹监测、微博分析家等，这些监测工具有免费的，也有收费的，有的是社交平台开放给第三方的。此外，还有专门的数据统计公司。为此商家可以根据自己的需要酌情选择。

除此以外，商家也可以自己搭建一些互动监测、评估系统。商家在朋友圈发布一个产品信息或服务后，会有很多人点赞、评论和转发。点赞显示的是用户的支持，评论展现了用户一种更深层次的兴趣，而转发则是最有价值的行为。营销开始的时候，商家可以建立一个评分系统，例如 1 个点赞 1 分，1 个评论 5 分，1 个转发 10 分，这样就能将营销目标转化为具体数字，同时营销结果就能被简单量化了。直观的数字必定能让商家更加了解自己的营销进度。

展望篇

社交营销将成为未来营销的新风口

第一章

转型，构建社交营销新出口

如今，社交营销作为一种新型营销模式，代表着各企业、各领域发展的新趋势和新方向。学习社交营销，转型社交营销，已经成为各大商家以及广大新兴从业者构建新出口，找准生存之路的必选课题。

拼多多快速崛起，成就社交电商巨头

“拼多多，5 亿人都在拼的 APP。”相信拼多多的这句广告词，我们都不陌生。

拼多多作为现在社交电商世界里无可争议的巨头，它的历史其实并不长。拼多多成立于 2015 年，但它在 2021 年的市值却已超出 1 万亿元大关。

拼多多的“凶猛”并非空穴来风，这就好比自然界要形成一条大河，必然有其形成的条件，例如山体运动、无数支流的汇聚等等。拼多多也像一条大河，在它独特的商业模式中，有几条支流拼命地往拼多多的河床里灌水。于是，拼多多的崛起成了商业界的一个现象级事件。

在这些支流中，社交可谓最重要的一环。人们对拼多多的了解估计大都来自微信。现在，我们几乎随时都能看到朋友圈有人发布在拼多多上拼团、砍价的链接。

在其他电商平台，用户购买商品基本上都是个人行为，存入购物车—结算—支付—收货。但在拼多多上却不一样，它充分利用社交营销发展的趋势，鼓励用户以拼团的方式来获取更低价的商品。因此，用户在拼多多上几乎不会单独购买，都会选择拼团。试想，本来拼多多售卖的商品就比其他电商平台便宜（拼多多早期的商品主要来自中小商家），再通过拼团，又便宜了一些，用户何乐而不为呢？

拼多多的设置也是，从用户下单到支付，再到离开页面，每个环节都在暗示用户要分享。用户在拼多多上发起拼团，会成为拼主，然后邀请或熟悉或陌生的人帮其砍价。这样，拼多多的 APP 被推荐给了更多的人，它通过社交元素获取的用户量就会迅速增长；当然，用户也得到了实惠，这是一个双赢的策略。因此，拼多多在其发展初期，几乎不用打广告就能获取大量用户。

这几乎就是一种社交裂变，其基本特点可以概括为通过各种活动诱导用户分享，并在用户的社交链条中不断传播，从而达到累积用户量的目的。

拼多多证明了社交能对电商，尤其是熟人营销起到巨大的推动作用。一件商品因为拼团模式的存在，就被拼多多做成了巨大的分享链条。例如用户帮砍价，只有砍完才会成功；对商品的不舍会让用户想方设法地邀请各路好友帮其助力，拼多多便通过用户的分享，免费收割了一笔流量。

而且，拼多多主推的是三四线城市的消费者。这部分人之前甚少网购，属于被其他电商平台忽视的人群。如果说淘宝是在以前的流量池里获取流量，那拼多多就是在新的流量池里获取流量。很多三四线城市的人一上网就用拼多多，他们是“价格敏感型用户”，拼多多网站上 1 元的纸巾，足够吸引低消费群体的眼球了。可以说，这部分人群的体验是拼多多建立起来的，是被拼多多砍价、拼团的社交裂变吸引上去的。

随着拼多多的发展，其用户群现在已经不仅限于三四五线城市和农村人群了，一二线城市的用户群也扩大了很多。其深层的原因在于，一二线城市的用户也不全是对价格不敏感的人。即使同一个人，也有对某些商品价格不敏感，而对某些商品价格敏感的时候。例如，一个大学生可能在购买数码产品时非常奢侈，而在购买快消品时却喜欢比价格。因此，拼多多在一二线城市也不乏用户群。

那拼多多怎么盈利呢？这一点主要体现在它的在线市场服务中，例如 APP 中的广告收入、商家销售商品的佣金收入、场景推广的收入、搜索推广的收入等。

淘宝卖家如何做社交营销

我国最早的一批淘宝卖家大约是在 2008 年前后进驻淘宝的，当时正是流量增幅最显著的时候，网民群体急速增长。这批卖家可以说是“躺着挣钱”，赚得盆满钵满。

但是，随着网络逐渐发展，网络购物逐渐普及，越来越多的卖家开始进驻淘宝。而与此同时，淘宝的新增用户却在放缓。粥多僧少的情况变为僧多粥少，能够分到中小店铺的流量锐减，很多中小卖家开始陷入流量困局，流量变现越来越难。

这就好比一条街道，居民数基本固定，以前街道上只有几家店，店面生意自然兴隆。而现在呢，街道上突然新开出几十家店，大家不得不“分摊”固定的居民数，各门店想要赚钱，自然就比以前困难许多了。

在这种情况下，淘宝卖家迫切想留住每一个进店消费的用户，这样才能对用户进行长期的营销。而要达到这个目的，就必然要涉及社交营销，因为社交营销的优势之一就是能很好地留住客户。有销售理论认为，商家和用户交流 7 次以上，转化率就可以达到 40%。而在淘宝上，一般转化率能有 10% 就非常不错了。社交营销可以让商家和用户进行长久沟通，这样对于提高转化率而言，显然是非常有效的。

目前，虽然淘宝禁止卖家在店铺首页发布社交媒体账号信息，但只要卖家愿意，还是有办法让访客获悉自己的社交媒体账号的。比如，利用让利（送话费、抽奖）的手段去吸引新用户进行咨询，用户咨询后，就可以给他一个页面链接让他参加活动，在链接里，商家就可以吸引用户关注自己的社交媒体账号了。已成交的用户是对商家比较认可的，让他们关注自己的社交媒体账号，他们一般都不会拒绝。

在淘宝上，就算一个很小的店铺，一天少说也有几十的流量，大的店铺流量就更多了。如果商家能把这些流量聚合起来，那就等于拥有了一个私域流量池。就算访客中只有 30% 的人愿意加商家的社交媒体账号，时间长了，仍然能够形成一个比较可观的私域流量池。

获取粉丝只是社交的前提，卖家接下来要做的就是让粉丝对我们持续产生兴趣。这里特别要注意的是曝光度和互动。

曝光度是指你在多少用户面前展示了自己，在每个用户面前又展示了多少次。通常而言，曝光度越高，客户对你的信任感就会越强。因此要增加在客户面前曝光的机会，这样他们才能记住你，而不是把你遗忘。卖家对每天发布的内容都要做好规划，如果产品本身可以讲的东西不多，也可以多从大多数用户感兴趣的话题入手，发布一些娱乐、搞笑、社会热点的内容。但不管怎样，这些内容必须结合目标群体的需求。例如，我们的用户群体都是老年人，那年轻人喜爱的戏谑式表达可能就不太合适。

曝光度是为了让粉丝感觉到你的存在，而互动则是为了和粉丝进行深度交流，增加粉丝对你的信赖感，同时更好地提升粉丝的积极性。

互动多以活动的形式进行，每日签到可获积分、免费试用、有奖转发、有奖问答、促销等都是不错的活动方式，淘宝卖家可以灵活采用。

淘宝卖家要想做好社交营销，是非常有优势的。做好社交营销，卖家才可能更好地把握住进店的访客，并通过不断地社交运营，让顾客认可你，实现最终的成交转化。现在，淘宝也开始了内容营销，目的就是把用户留在淘宝。淘宝卖家也应该顺势而为，积极创建私域流量，增强用户黏性，进而用社交的方式促成最终的交易。

微商如何做好社交营销

说起微商，可能大家都不会陌生。所谓微商，就是在微信、微博之类的社交平台上推销产品或服务的商家，其模式包括代理、直营、O2O等。他们各有各的优势，有时可以相互融合、扬长避短，使前期销售与售后服务较好地衔接起来。

代理模式通常是微商的首选。代理模式就是代理向经销商传授微商营销技巧，经销商可以再发展经销商，达到一定级别即可升为代理，代理达到一定级别可成为总代理。如果一家微商有 10 个总代理，每个总代理下面又发展了 20 个一级代理，每个一级代理又有 50 个经销商，而每个经销商有 5000 个好友。如果所有人都加满的话，那这个微商就覆盖了 40 万人。这相当于一家大型商场的最大客流量，而有的商场每天的客流量还不一定能达到 40 万人。

在代理模式中，代理级别越高，拿货的价格就越低，利润就会越高，因此代理会不停地寻找经销商，来提升自己的级别，以便以最低的价格拿到货。通过这样的裂变式效应，微商的效率得以大大提高。早期的微商就是通过这种方式进行极速扩张的。

随着微商的发展，微商的问题也一天天凸显出来。首先，大部分经销商并不懂得社交营销的精髓，只知道狠狠地刷屏、加粉，甚至是骗粉，大大损害了微商的形象，用户恨不得用最快的速度将他们拉黑。再者，高级别的微商发现，现在的代理似乎比以前更难招了，流量变现率急剧降低，随之产生的囤货压力、商品滞销也无时无刻不在困扰着微商。

与此同时，社交电商却因为无成本、无压货、轻经营的方式圈走了一波又一波人。微商如果不发力于社交营销，恐怕以后的路会越走越窄。我们从以下几方面，来看看微商怎么做好社交营销。

1. 经营个人品牌

我们社交圈里的人多是因为各种各样的原因才聚在一起的，可能是孩子同学的家长，也可能是一个小区里的住户，或者是朋友的朋友。总之，跟自己有着千丝万缕的联系，其中不乏很多并不熟悉的人，甚至根本不认识，但是既然被拉到一个圈子里，聊一聊总会成为朋友的。而微商要打的正好就是感情牌，认不认识不重要，既然我们有着共同相熟的朋友，又刚好谈得来，为何不做个朋友呢！

所以，微商不要只发产品的宣传内容，还要把你的个人生活、日常感悟拿出来分享，以此来塑造你的个人品牌，让别人知道这个微信号背后的你是个什么样的人。

2. 组建特定的社群

现在的人，越来越注重个性化、人性化的商品和服务。因此，微商要精准定位自己的消费群体，找到目标受众，组建特定的社群，从而实现精准营销。

3. 打造有传播力的内容

现在，人们的时间趋于碎片化，大家都是利用碎片时间浏览信息。要想在用户的碎片时间里吸引用户的眼球，就要提供优质的内容，例如可以多挖掘一些产品背后的故事，以故事的方式去打动用户。另外，进行产品推销的过程要循序渐进，不要每天给别人发很多次推销信息，那样很容易让人反感。

4. 营造适合的场景

场景营销正在成为营销界的一个新概念，微商也需要建立一定的场景，以引起消费者的共鸣，激发消费者的购买欲望。

5. 学会分享

有人买了我们的产品以后，要第一时间拿出来分享，让其他人看到原来你的产品有这么多人购买，而且还有不错的购物体验。分享时要把订单信息、对话内容都展示出来，那样会显得更真实。

微商的特点是小，小看似弱势，却也有它的优点。船小易调头，微商也一样，可以因人而异、因营销模式而异。既然社交营销已经成为一种趋势，那微商们就可以多借鉴一些社交营销的特点，从而为自己打造新的突破口。

传统电商如何转型社交营销

电商的三要素是人、货、场，传统电商的模式多是以货为中心，或者是以场为中心。但是随着电子商务的发展，传统电商已经明显感到流量的获取正在变得越来越艰难。与此同时，消费者在移动网络上的社交需求与日俱增。社交营销的出现，为广大的传统电商提供了一种新的获取流量的方式。而且，社交与电商相结合，在用户这个层面有更强的黏性、互动性、细分性等特点；在电商这个层面，商家能以较低的营销成本和时间成本来挖掘出自身更大的商业潜力。

正是因为看到了社交营销的巨大潜力，传统电商开始络绎不绝地转型社交营销，就连阿里巴巴、京东等传统电商巨头也纷纷开始试水，一系列依托于社交营销的电商企业，如拼多多、抖音、快手等，市场表现更是远远超出了外界的预期。

社交营销正在成为最受关注的商业风口。传统电商转型为社交电商，原有的粉丝和信任感就成了领先其他刚起步品牌的武器。传统电商要学会依托社交媒体，将社交平台上的粉丝精准地导入私域流量池。通过社交营销，电商便可以以现有的客户为基础，深入进行触点式的接触，将以往传统电商短时瞬发的触客模式，转变为高频多维的客户联动。

这样，商家和客户之间的关系就变成了强关系，让商家和客户的联系更为紧密，同时客户对商家也更具信任感。毕竟，在全民社交的时代，客户和商家的关系越好，客户就越愿意在商家这里消费。

传统电商转型为社交电商后，对微信社交红利的把握则至为关键。

微信是我国首个月活用户超 10 亿的社交媒体，尽管微信已经把微商和各种诱导分享活动的“羊毛”薅过一遍了，但微信的红利期还远远没有结束。电商可以将微信作为社交营销的主战场。

试想一下，如果传统电商把所有的客户都加到微信上，一年 365 天，每天就算只加 100 人，那一年累积下来也有 3.65 万人。这 3.65 万人能给商家带来的首先是基础销量的提升，而传统电商以前都面临着清库存的难题，现在有了粉丝，这个问题就能够解决。

以前，传统电商，尤其是服饰电商，因为上新多，商家往往不知道哪一款商品会成为爆款。转型以后，电商就可以让粉丝参与进来，协助商家做一个新品调研，为此，商家往往很快就能知道哪一款商品能够成为爆款了。

接着，在微信上，商家可以复制原有品牌，也可以上新的品类，随着商家用户的黏性越来越强，商家孵化新的品牌也不再是难事。当然，在微信上，商家也可以尝试之前介绍过的拼购类、会员制、社区拼团、内容类等各种社交营销模式，做得好的还可以接一些实体广告，获得额外收入。

拥抱社交营销，传统电商才算跟上了时代的趋势。传统电商必须转变营销思维。也许当初我们没能成为最早开始做淘宝的人，但是现在我们却可以成为最早一批做社交营销的人。

传统实体店如何转型社交营销

这是一个移动互联网经济快速发展的时代，传统实体店如果不加快创新商业模式的步伐，发展必然会受到阻滞。电子商务崛起以后，有很多跟不上时代的传统门店黯然离场就是一个明证，更别提现在社交电商崛起后对实体店的影响了。

对于传统实体店来说，这是最坏的时代，也是最好的时代。有些商家会被市场淘汰，但有些商家却能转变思维，拥抱社交营销，提升竞争力，创造出新的发展之路。学会转型，传统实体店永远都有崛起的机会。

以前，传统实体店的做法都是等着顾客上门，在开店时也尽量选择开在人流量大的地方；如果人流量少，生意就会难以为继。现在，店面的人流量虽然也很重要，但更应注重的是线上流量的建设。传统实体店可以通过各种社交平台吸引用户，同时利用线下门店来为自己的线上平台引流。

传统实体店最常用的引流方式是O2O，即利用扫码点单、扫码买单、扫码领券、扫码参与活动的方式将顾客导入小程序。这样，商家的小程序中就留存了顾客的会员信息。此外，实体店还可以通过路演、宣讲会、送小礼品、免费体验产品等方式吸引顾客扫码，从而进行引流。

另外，传统实体店也可以依托各种社交平台，找到精准的用户群，吸引他们关注自己的社交账号，进而打造私域流量池。

小程序、微商城、微信朋友圈、抖音等都是传统实体店向社交营销转型的有效工具。传统实体店首先要利用好这些工具，建立起和顾客的长连接、强关系。

如想要将顾客导入微信，商家可以自建微信群，然后按用户性质将微信群分为已购用户群、会员群、潜在用户引流群等，并做好微信群的管理工作，制定好群规。

在微信群的运营中，要先让社群产生价值，例如让群成员觉得在这个群里可以学到东西，结交到人脉，或者是可以领到商家的优惠券等。要知道，社群的良性运转是通过价值驱动的，社群有了价值，用户也就更愿意留在社群里，并对商家产生信任感。

在已购用户群中，商家可以引导用户分享购买体验和商品使用方法，形成复购。在会员群里，除了分享已购用户的内容外，也要鼓励会员进行分享。在潜在用户群中，则可以设置一些活动来增加群的活跃度，进而吸引用户到线下实体店中进行体验，即形成线上线下互相引流的循环，以此达到用户裂变的效果。商家也可以利用一些自媒体工具将内容推送给潜在用户，通过文章或视频内容的价值，来驱动潜在用户在他们的社交平台上进行分享，达到"圈粉"和品牌传播的效果。

对于传统实体店而言，社交营销不能照搬线下的经验，而应学习线上社交营销的方法和技巧。找对方法，顺势而为，传统实体店才可能迎来弯道超车的机会。

社交商业和社交化企业

人类进入互联网 + 时代以来，企业的边界逐渐变得模糊起来。我们越来越明显地看到，现在几乎所有的商业活动都不再是人与物的关系，而是和社交联系起来。

之前，淘宝的兴起开创了一个一元化的世界。用户进入淘宝，通过关键字搜索自己想要的商品，这些商品及其商家就会被推荐到用户面前。同种商品是同时显现的，商家需要和同行竞争。因为竞争，商家就需要向淘宝平台付费，使淘宝获利，间接推动淘宝成为互联网界的巨无霸企业。淘宝打通的，就是人与物的连接。

新兴的社交平台给用户塑造了一个更个性化的圈层世界，也就是“物以类聚，人以群分”。在人与人之间进行社交连接时，用户发现了和自己匹配度更高的人和物，于是同类相吸，网络上开始形成新的圈层。这就比单纯的人与物的连接让用户感觉更美好。社交平台的意义就在于其打破了原来人与物的连接，让社交进行了圈层化重组。

而当人与人之间的关系由弱链接转变为强链接时，就可以形成商业，甚至可以通过信任背书，将这种商业链接传播得更远，也就是裂变。

通俗来讲，社交商业就是商家卖一个商品给用户，不但给了用户一个优质、性价比高、体验好的商品，而且在交易的过程中，商家和用户之间的关系也加深了，提高了用户的复购率。这种商业模式不仅是良性的，而且是可持续的。

现在，以社交为核心的商业模式正在为各企业带来更多的盈利点，例如我们熟知的滴滴打车。另外，像小米、海尔这些传统企业也正在通过社交营销实现着自己商业模式的升级，并重塑着所在行业的格局。

其实，对于企业来说，社交不仅影响着商业模式，也在深入企业的各条业务线，直接服务于企业内部，这就是社交化企业。

以前，传统企业的内部也是有边界的，例如企业总部与分支机构、企业与关联公司、老板与员工、老板与主管之间都存在沟通的边界。企业将社交网络引入企业管理之后，这种边界就被打破了。利用社交平台网络协作的便利性，企业内部员工间可以做到零距离交流，不再存在层级障碍和部门障碍，信息也可以做到 360 度的流转；企业老板也可以第一时间浏览到企业的所有动态，确保做出及时、准确的决策，员工也可以随时与同事、与管理者分享和讨论工作话题。

当人的关系搬到社交平台以后，企业还可以通过社交来做越来越多的工作流程。例如可以以社交的方式做招聘、做采购、做用户调查，当然，还有做营销。决策者将这些业务做好以后，通过社交平台发给员工，再由员工通过社交网络传递给客户、供货商、求职者。以前，这些业务仅在企业内部或上下游渠道间流转，通过社交，它们开始走向外部，通过员工的社交关系连接外部或上下游渠道间用户，产生新的与企业有关联的用户，再回到企业流程，如此循环。也就是说，社交不仅让企业的边界得以延伸，也使企业有了更多新的商业机会。

梳理一下：一个企业可用于社交的资源有渠道、用户、内容、技术、产品等，如果企业懂得挖掘这些资源背后隐藏的价值，巧妙地设计一些社交场景，就能实现社交资产变现。

电商巨头成功转型社交营销的启示

我国的电子商务经过 10 年的沉浮，人口红利一去不返，“流量获取难，获客成本高”成为商家们共同的难题。这时候，寻找新的流量池，或者开辟新的增量就成了商家求生的方向。与此同时，商家逐渐发现，各社交平台的庞大用户数和月活数、日活数正在成为最大的“流量洼地”，随着社交流量与电商交易融合程度的不断加深，社交营销便理所当然地成为商家持续发展的唯一风口。

据《2020 中国社交电商行业发展报告》显示，2019 年我国社交电商的总规模达 2.1 万亿元，相较于 2018 年的 1.2 万亿元，同比增长 71.7%。社交电商的用户规模则达到了 7.13 亿人，比 2018 年的 6.08 亿人，同比增长 17.26%。

在这股风口的背后，一些电商巨头早早充当起了先行者的角色——或从综合电商转型社交电商，或从垂直电商转型社交电商——率先品尝到了社交红利的甜头。

成立于 2013 年的小红书，最早是基于用户原创内容（UGC）的生活分享社区，在发现社区中的用户对所讨论的商品有着购买需求以后，它于 2014 年 8 月推出电商平台“福利社”，按个护、美妆、餐馆、运动、旅游来分类。在感受到社交营销的强劲风暴之后，小红书将类别由购物改为社交，运营模式开始向社交方面倾斜，将自己打造成一个用户可以分享的大社区。用户在小红书中，可以通过视频笔记、图片、文字来记录和分享自己的购物体验；小红书则通过机器学习等技术，从用户分享的产品以及用户点赞浏览及收藏的文章中精准地向用户推送商品信息。这样被推送的商品的销量往往很高，而且也颇受用户喜爱。同时，小红书还不定期地推出一些社区活动，用以吸引用户分享，使用户将分享视为一种习惯。此外，小红书还通过邀请明星、网红入驻平台的方式，进行个性化的推送，也极大地提高了转化率。总结起来，现在小红书已经完全是一个通过用户分享进行“吃喝玩乐买”的社交平台了。

除了小红书，这两年转型为社交电商的还不乏贝贝网、宝宝树、蘑菇街等传统电商巨头的身影。电商巨头为什么转型？贝贝网旗下贝店总裁顾荣的话应该比较具有代表性。他说：“贝贝网在 2016 年就提出了‘无社交、不电商’的理念，这种预判来源于看到的两个变化：第一是整个人群的消费诉求和消费场景的变化，第二是人影响力的变化和科技对个体的放大。看到这两点之后，发现整个社交电商的商业逻辑就成立了。从目前来看，社交电商的前景完全不亚于新零售。”

通过对比各电商巨头朝社交电商的转型之路，按照流量来源和运营模式的区别，我们可以看到四条赛道：拼购类、会员制、社区拼团、内容类。

拼购类的社交电商代表有拼多多、京东拼购、苏宁拼购等，其特色是通过特色、低价的商品来吸引社交流量来参与拼团购物。这种拼购可以使商家在不耗费高昂营销成本的情况下，就能将大量用户和订单聚集在一些爆款商品上，以规模化带动生产侧成本的下降。

会员制社交电商代表主要有云集，其运作模式为 S2B2C 模式。这里“S”是云集，“B”是店主，“C”是终端消费者。其逻辑是云集通过云端的共享，聚合起商品、物流、客服、图片、广告、文案、IT 等资源，再将这些资源开放给 B 端的店主；通过产业链的赋能，使店主的运营成本几乎降为零。而店主要做的，就是在社交圈子里推荐和宣传云集的商品，进而吸引终端消费者购买，再由物流系统完成交易，如此形成一个完整的闭环。其中，云集的店主就是会员模式。这一点我们在架构篇的第六章中“社交营销的利益分配”一篇已经有过讲述。

社区拼团则是融合拼购和会员制的一种新型社交电商模式，它在近几年发展得十分迅速，比如叮咚买菜、兴盛优选、美团优选等均属此列。社区拼团以社群为主要交易场景，以熟人社交为纽带，商品则以团购的方式发送给团长，再由团长在线下交付给用户。

内容类社交电商很好理解，即像小红书、宝宝树一样，通过内容影响消费者的决策，进而引导消费者的购买行为。有调查显示，有一半以上的消费者在产生购买行为时容易受到别人（特别是意见领袖）的影响。于是，用形式多样的内容来引导用户，无疑是一个顺理成章的方向。

电商巨头转型社交电商谋求突破，正在成为一个非常普遍的现象。现在，抢先站在时代的前沿，挤进这个流量的风口，对于大中小各级各类商家而言，都将会是一个不错的开始。

2

第二章

社交营销未来畅想

这是一个社交化的时代，也是一个社交营销的时代。随着互联网技术的日新月异以及消费者消费需求的变化，我们有理由相信，社交营销正在成为一股无法逆转的潮流，也将成为未来营销的重要出口。

区块链和社交营销的融合

区块链技术正吸引着世界各地人们的关注。事实上，区块链技术称得上是互联网之后的又一重大技术突破，因为这个突破，区块链对人们的生活，乃至商业都会产生重大的影响。

我们先来看看区块链技术。通俗地讲，我们可以把区块链理解为一个电子总账，网络上每一个参与者的电脑都有一份总账的拷贝，并且所有的拷贝都在实时地更新、对账并同步。每产生一笔交易，每一个参与者都可以在总账里记录这笔交易，但当最先完成并被验证正确无误的记录出现时，其他人就会停止自己的记录，直接使用新的信息更新他们的总账拷贝。

区块链技术有以下几个重要特征：去中心化，每个人都平等地参与到总账的维护更新中；透明性，总账在整个网络上是共享的、同步更新的；开放性，人人都能看到账本中的每一条记录；自治性，大家一起记账，共同管理账本；信息不可篡改，每个人都有总账的拷贝，这种情况下，信息被篡改的可能性几乎为零；匿名性，最先完成记录的人会得到一定的奖励，但这个过程是匿名的。

从商业领域来看，区块链已经对众多行业产生了影响，而社交营销也将不可避免地受到区块链的冲击。区块链对社交营销所产生的影响，有以下几方面。

1. 交易更安全

区块链技术让买卖双方通过加密货币来完成交易，加密货币交易不仅安全，而且简单、透明。举个例子，跨国交易通常需要进行货币兑换，缴纳相关费用，这些往往需要很长时间才能完成。而加密货币不受国别限制，并且不会产生国际交易相关费用，还是实时到账。我们的交易在几分钟之内就能完成。

2. 信息精准跟踪

社交营销应用区块链技术以后，品牌就会处在一个首要的位置，以确保其数字内容能在社交环境中共享。商家可以有效跟踪发布的数字内容的信息，并有效地记录它的内容日历和活动轨迹。

3. 控制假冒、垃圾内容

现在的社交平台上有着大量的同质、垃圾内容，大大影响了商家的营销效果。而区块链技术能够有效保证一篇有创意的信息不被篡改、抄袭，而且信息必须经过验证才能发布，这就保证了商家高质量的内容在传播中不会受到垃圾信息及模仿信息的影响，增加了营销效果。

4. 保障消费者权益

举例来说，区块链可以让商家在链上销售产品，产生数量众多的消费者节点以及生产商和物流环节的溯源保真节点，构成一个拥有庞大节点的区块链价值电商平台。消费者在链上选购消费时，可能会获赠相应的消费积分，而区块链账本就可以实现消费积分的归属确权，同时消费积分可在链上流通、兑换，以满足消费者的体验需求及提高其复购黏性，很好地保障了消费者的权益。

可见，区块链技术能改变社交营销中出现的很多不合理、不合规的行为。营销者都应该行动起来，越早了解区块链技术对社交营销的影响，就能越早适应未来的营销趋势。

越来越生态化的社交营销

生态指的是一切生物的生存状态，以及生物之间、生物与环境之间环环相扣的关系。人们经常用“生态”这个词来定义美好的事物，比如健康的、美的、和谐的事物，用“生态”来修饰就仿佛更有生机了。

那么社交营销的生态是什么？就是多而全，并且能够基于本体业务优势，实现行业间的互补，从而达到行业整合的目的。

电子商务产生并发展的这几年，可谓商业模式变化最活跃的几年。这种变化，既有技术推动的原因，也有消费者消费观念改变的原因。虽然说营销是服务于商业的，但从切入方式上来看，还是要和人们的生活方式接轨。

现在，新业务和新场景不断涌现，使得各商家不得不变得比以往任何时候都更重视流量、销售额和市场占有率。我们可以看到，微信、微博等社交平台都在不断地扩展自己的营销场景。

我们以微信为例。微信向来以用户体验好著称，它的每一次改版都能让我们看到营销的更多可能。微信 5.0 就整合了腾讯的街景、电商、阅读、视频、音乐、翻译等服务，可以让用户更好地体验生活。例如，用户直接使用微信的街景扫描就可以立即看到商铺的情景，可以拥有在线下逛街、购物一般的身临其境感，甚至用户直接晃动手机就可以观看微信界面里的视频。除此之外，微信群聊不再显示具体的未读信息数量，只有小红点来提示有更新内容，让用户再也感受不到阅读的压力。

从大的方向上来说，要实现消费者产生需求、社交传播、转化购买，商家供应链、广告营销、运营服务的闭环链接，只靠社交平台一方的努力是不够的，商家也需要参与其中，才能让社交营销越来越生态化。

京东曾提出一个“无界营销”的概念。京东的构想是，让社交营销价值链上的各方，包括社交平台、电商平台、品牌方、媒体平台以开放的方式融入新的营销模式中，通过开放、赋能、无界的营销，实现多方共赢。

这里，品牌方、媒体方、平台方将以开放的姿态，让彼此实现链接和资源共享。京东推出的 IP 作品“9.9 京东秒杀《谁是带货王》”，通过与社交平台、电商、自媒体平台、明星、网红、素人的共同合作，就在微博上掀起了一股内容化营销创作之风，也让全新的“电商 + 社交 + 内容营销”模式实现了更多可能。

未来的社交营销必定不是某一方单独创新的结果，而更多的是各方进行开放合作的成果。例如，逢年过节，在各大城市的标志性商圈，商户汇聚，促销不断，消费者摩肩接踵，何等热闹。这份热闹就是吸引消费者消费的重要原因。现在我们在线上做营销，单一的商家绝不可能带来热闹的景象，各方联动、开放合作才能带来这种景象。

在开放的过程中，社交营销将不仅连接人与人，也会更多地连接人与服务。这个生态系统一旦搭建成功，必定可以释放出更为巨大的社交营销商业潜力。

连接，从内部走向跨界

在商业领域，“界”指不同的行业、不同的产品，“跨界”就是指不同领域的商家进行合作，联合推广。

以前，各行各业之间界限分明、互不冲突，“道不同不相为谋”。移动互联网的出现却让我们的产业界限变得非常模糊，“道不同不相为谋”的时代一去不复返，“道不同也可为谋”成了商业领域的新风尚。如果说商家以前的连接是内部的、纵向的，那现在商家之间的连接就是联合的、横向的。

社交营销当然也需要跨界。对于商家而言，现在获取流量越来越艰难，跨界社交营销可以使不同领域、不同行业之间的商家实现流量共享。简单来说，只要商家之间不存在竞争关系，就可以在商业层面展开合作，进而交换彼此的客户，实现双赢。

例如故宫与百雀羚，一家是古文化单位，一家是做美妆护肤的，以常规的眼光来看，二者之间几乎没有任何直接的关系。但让人意外的是，它们偏偏就跨界合作了。

以前，故宫给人的印象是神秘高远、历史厚重。但自从故宫2014年在微信公众号上发布了一篇《雍正：感觉自己萌萌哒》的文章以来，故宫表情包开始在移动互联网上成为爆款。故宫一改往日的严肃形象，变得更加贴近年轻受众，从而实现实力圈粉。

受此影响，百雀羚开始携手故宫文化珠宝首席设计师，联合推出了一款定制“燕来百宝奁”的限量礼盒，把传统的东方发簪元素与国际元素融合起来。

这款礼盒在预售前夕，不仅在百雀羚、故宫的社交媒体账号中广泛传播，百雀羚还与一些微博大V进行深度合作，以跨界、东方美、国货精品、国货新风尚等关键词，不断俘获年轻用户的心。结果，这次跨界营销非常成功，预售当天，其在天猫旗舰店的所有商品，在35秒内就被期待已久的粉丝全部抢光。

再如浦发银行和漫画家“胡茬叔叔”，本也是八竿子打不着的，但偏偏二者就展开了合作。浦发银行联合“胡茬叔叔”，围绕旗下的“有心意”频道，打造了多款具有怀旧风格的海报。这些海报在社交平台上一经发布，迅速引起热议，让网友不得不感叹“没想到银行也会这么玩”。

可见，如果商家还是单纯以内部连接的方式做社交营销，会使其粉丝结构比较单一，很难获得新的增长点。未来的社交营销，必然会涌现更多跨界的案例。简言之，当今商家之间的竞争，早已不再只是产品之间的竞争，而是商业理念和思维的竞争。要想做好社交营销，就得善用跨界思维，大胆颠覆传统思维，实现跨界创新。

社交营销是未来营销的必由之路

互联网的发展，一次又一次地改变了我们的商业逻辑，但不管怎么变化，它最终还是要回归“以人为中心”这个本质。

如果说以前的电商模仿了现实购物，手游模仿了现实游戏，那移动互联网下的社交模仿的就是现实交友。这就改变了商家和消费者之间的连接关系，双方可以“亲密接触”，建立信任、产生交易。

在这个供过于求的时代，商品的同质化已经不是简单的“严重”二字可以形容的了。大家都有同样的产品，又很难说谁家的产品就一定比别人的产品好，那用户究竟选择哪一家的产品呢？这时候，如果有一个商家和用户有过社交，有过“亲密接触”，用户对此商家的信任感必然比对别的商家强得多，选择他们家的商品也就成了理所当然的事了。基于“信任”的先天优势，用户如果把自己的使用体验分享给自己的朋友，对他的朋友而言，无论是基于情感，还是友情，都可能会尝试购买同样的商品。

再者，社交平台的大发展使微信、微博、抖音等成为信息的主要传播渠道，商家每天的信息分享、交流，甚至是投放广告都可以通过社交媒体实现。如果有线下实体店，其作用也主要成了为客户提供体验和线下的消费、活动。也就是说，商家和消费者的时间已越来越多地花在了社交媒体上，因为人们的生活已经无法脱离社交媒体而存在。

社交媒体的发展还模糊了商家与个人之间的界限。商家可以刺激消费者承担部分企业的责任，使其向更多的消费者分享传播自己的消费体验。这时候，消费者就变成了商家的分销者。

总之，社交重塑了商业格局和市场格局，越来越多的商家开始认识到社交的真正意义，人与人的关系的搭建开始成为未来营销的唯一脉络。

现在，有很多研究都指向“商家—顾客一体化”“顾客契合”。所谓顾客契合，就是顾客是否能自愿对商家做出资源贡献，例如口碑、推荐和帮助其他顾客。要想拥有高顾客契合度，商家就必须和顾客互动，给予顾客更好的购物体验和服务体验。这时，利用社交平台让顾客参与互动就具有重要意义。例如小米创造的“参与感”式营销，就让小米和用户之间建立了一种“你中有我，我中有你”的亲密契合关系。

可见，社交营销才是未来营销的必由之路。商家的营销决不能简单地基于现实中的信息来定位，而应该延展到更有前瞻性的未来趋势，从未来的趋势中洞察到社交营销的前景，才有可能创造质的飞跃。